防范化解系统性金融与
地方财政双风险问题研究

Research on Preventing and Solving the Systemic Financial and
Local Fiscal Dual Risks in China

崔华泰　著

中国社会科学出版社

图书在版编目(CIP)数据

防范化解系统性金融与地方财政双风险问题研究／崔华泰著．—北京：中国社会科学出版社，2022.9
ISBN 978-7-5227-0673-3

Ⅰ.①防… Ⅱ.①崔… Ⅲ.①金融风险防范—研究—中国 ②地方财政—风险管理—研究—中国 Ⅳ.①F832.1②F812.7

中国版本图书馆CIP数据核字(2022)第144547号

出 版 人	赵剑英
责任编辑	王 衡
责任校对	王 森
责任印制	王 超
出　　版	中国社会科学出版社
社　　址	北京鼓楼西大街甲158号
邮　　编	100720
网　　址	http://www.csspw.cn
发 行 部	010-84083685
门 市 部	010-84029450
经　　销	新华书店及其他书店
印　　刷	北京君升印刷有限公司
装　　订	廊坊市广阳区广增装订厂
版　　次	2022年9月第1版
印　　次	2022年9月第1次印刷
开　　本	710×1000 1/16
印　　张	13.25
插　　页	2
字　　数	185千字
定　　价	75.00元

凡购买中国社会科学出版社图书，如有质量问题请与本社营销中心联系调换
电话：010-84083683
版权所有　侵权必究

出 版 说 明

为进一步加大对哲学社会科学领域青年人才扶持力度，促进优秀青年学者更快更好成长，国家社科基金2019年起设立博士论文出版项目，重点资助学术基础扎实、具有创新意识和发展潜力的青年学者。每年评选一次。2021年经组织申报、专家评审、社会公示，评选出第三批博士论文项目。按照"统一标识、统一封面、统一版式、统一标准"的总体要求，现予出版，以飨读者。

全国哲学社会科学工作办公室

2022年

摘 要

作为最大的发展中国家,经过40多年的改革开放,中国的经济建设取得了举世瞩目的成就。成就的取得与中国在金融和财政领域的改革发展密不可分,但也要清醒地认识到由于发展经验不足和制度配套欠缺,中国在发展过程中也积累了一定的风险,这其中表现最为突出的就是系统性金融风险和地方财政风险。随着经济社会的不断发展,金融体系更加复杂的交易形式和地方政府更加多元的融资方式打破了金融和财政的壁垒,使得两种风险之间相互传导、不断交织,形成了强大的破坏力,严重威胁国民经济健康发展。在这样的背景下,完善财政金融体制建设进而防止交互风险叠加蔓延就显得尤为重要。

本书综合运用多种研究方法,首先从二元风险的相互传导机理入手,结合定性与定量的研究方法,分析得出风险之间传导的主要路径。然后将其代入277个地级行政区域构成的距离与相邻矩阵进行空间分析,得出了包括空间溢出效应在内的交互风险对经济增长的影响系数。最后立足于中国目前所面临的国内外形势,结合国外治理风险的丰富经验,提出了适合中国防范化解双风险的政策建议。

第一章导论部分主要讨论了本书的选题背景和研究意义,介绍了国内外学者对于金融风险和地方财政风险的研究概况,从概念界定、理论方向和研究方法的视角分别梳理了已有的学术研究成果,并在此基础上提出了本书的内容框架和研究视角,总结了创新点和不足之处。

第二章对系统性金融风险与财政风险的基本理论进行了分析。首先介绍了财政风险理论，从公共风险、公债风险和风险矩阵的角度分别梳理了财政风险理论形成的历史脉络和发展轨迹，并结合我国国情阐释了分权理论对于解释财政风险的重要意义。其次整理了系统性金融风险理论，描述了诸多学者从债务、货币、体系脆弱性、体系传染性和预算软约束等多个角度形成的金融风险理论框架。最后介绍了风险管理理论，从风险管理的发展历程开始，落脚到风险管理的具体流程。为后文的具体分析提供了扎实的理论基础。

第三章研究了金融风险转化为地方财政风险的主要路径。在委托代理的理论框架下根据地方政府和金融体系激励相容的平衡机制构造了地方财政与金融体系共担风险的数理表达式，通过省际面板 logit 模型找到了金融风险财政化的三个主要路径：金融行业的经营风险传导、金融机构越位承担财政职能传导和问题网贷与非法集资传导。

第四章研究了地方财政风险转化为金融风险的主要路径。在拉姆齐模型的分析框架内以有为政府的前提假设构造地方居民跨期效用最大化模型，并引入由财政透支带来的货币增发冲击，同样代入省际面板进行检验，结果发现我国财政风险金融化的主要路径：分税制带来的委托代理传导、地方土地财政担保失效传导和地方政府融资平台违约传导。

第五章总结了两种风险相互传导、交叉感染形成的交互风险。交互风险一旦产生，短时间内迅速积累并快速传播，本章在界定交互风险种类的基础上，从机理上解释了交互风险的产生过程和作用方式，为下文定量分析做好准备。

第六章对交互风险影响经济增长进行了空间实证分析。首先在上文计量结果和理论分析的基础上构建了存在政府负债、居民投资和银行系统的流动性约束跨期经济增长模型，找到了经济周期作用下的政府债务通过改变信贷利率而影响经济增长的门槛效应。其次通过直观和数理的空间相关性检验验证了交互风险在地级行政区域内的溢出效应，并判定了风险影响因子。最后代入实证模型得出了包含空间溢出效应的交互风险影响经济增长系数，并分别对其进行了经济学分析。

第七章对美英日韩四个国家关于金融财政风险的管理经验进行梳理分析。美英日韩都是发达国家，分别在体量、区位和发展路径上与我国相似，通过分析挖掘其在防范化解双风险方面的具体方法与举措，总结先进经验，吸取失败教训，为中国制定适合本国发展现状的风险防控政策提供帮助。

第八章提出了防范化解双风险的政策建议。根据前文定量和定性两方面研究所发现的问题，有针对性地提出了有实际操作价值的改革方案，具体来讲有增强地方政府偿债激励、强化中央政府债务管理、引入金融市场约束机制、提升金融体系抗风险能力和防范交互风险空间扩散。

当前中国经济形势总体是好的，但经济发展面临的国际环境和国内条件都在发生深刻而复杂的变化，推进供给侧结构性改革过程中不可避免会遇到一些困难和挑战，经济运行稳中有变、变中有忧。在这样的背景下，风险的防范与化解在今后很长一段时间里都必须是我国经济工作开展的基础条件，本书希望能在系统性金融和地方财政双风险的治理领域提供一种新的视角与思路。主要创新有以下几点。

第一，视角上的创新。首次将系统性金融风险和地方财政风险作为统一的研究对象开展研究。以往学者们大多对两种风险进行分离研究，鲜有针对其内在传导机理的探索，更不会将其纳入统一的研究框架，本书创新性地将二者融为一体，合并研究。

第二，方法上的创新。对金融风险和地方财政风险层层剥茧，从经济学基本原理出发进行符合我国经济现状的数理模型假设和推导，代入省级数据回归分析，找到了两种风险相互之间的传导共生机制，并在此基础上代入地级数据检验并归纳了交互风险的形成机理和作用方式，为之后全面系统研究交互风险问题指明了方向。

第三，内容上的创新。在分析交互风险对经济增长的影响因素时引入了空间溢出效应，测算了交互风险同时发生时在全国地级行政区域层面的溢出系数，帮助政策制定者更为清晰明确地了解风险在空间范围内的传播力度，给有效控制风险的蔓延提供了新的政策工具。

第四，数据上的创新。通过 Arcgis 软件生成了我国地级行政区域的重心距离矩阵，并在 Stata 软件中参照地图自制了地理相邻矩阵，将整理加工的 277 个地级行政区域的经济数据变量代入两个矩阵中，检验出包含空间影响的经济增长决定因素，地理矩阵和高阶数据均为研究领域首次运用。

关键词：金融风险；地方财政风险；传导机制；交互作用；空间分析

Abstract

As the largest developing country, after more than 40 years of reform and opening up, China's economic construction has made remarkable achievements. The achievements are inseparable from China's reform and development in the field of Finance and finance, but we should also clearly realize that due to the lack of development experience and lack of institutional support, China has also accumulated considerable risks in the process of development, among which the most prominent are systemic financial risks and local financial risks. With the continuous development of economy and society, the more complex transaction forms of the financial system and the more diversified financing methods of local governments have broken the financial and financial barriers, making the two risks conduct and interweave with each other, forming a strong destructive force, which seriously threatens the healthy development of the national economy. In this context, it is particularly important to improve the construction of fiscal and financial system and prevent the superposition and spread of interactive risks.

This paper comprehensively uses a variety of research methods. Firstly, starting with the mutual transmission mechanism of binary risk, combined with qualitative and quantitative research methods, this paper analyzes and obtains the main transmission path between risks. Then, it is substituted into the distance and adjacent matrix composed of 277 prefecture level administrative regions for spatial analysis, and the interactive risk including spatial spillover effect and the influence coefficient of risk in the same period on economic growth are obtained. Finally, based on the current situation at home and abroad, combined with the rich experience of foreign risk management, this paper puts forward policy suggestions suitable for China to prevent and resolve double risks.

The first chapter mainly discusses the background and research significance of this paper, introduces the research overview of domestic and foreign scholars on financial risk and local financial risk, combs the existing academic research results from the perspective of concept definition, theoretical direction and research methods, and puts forward the content framework and research perspective of this paper, The innovation and deficiency are summarized.

The second chapter analyzes the basic theories of systemic financial risk and financial risk. Firstly, it introduces the fiscal risk theory, combs the historical context and development track of the formation of fiscal risk theory from the perspective of public risk, public debt risk and risk matrix, and explains the significance of decentralization theory in explaining fiscal risk in combination with China's national conditions. Secondly, it sorts out the theory of systemic financial risk, and describes the theoretical framework of financial risk formed by many scholars from the perspectives of debt, currency, system vulnerability, system infectivity and soft budget constraints. Finally, it introduces the theory of risk management, starting from the development process of risk management to the specific process of risk management. It provides a solid theoretical basis for the following specific analysis.

The third chapter studies the main path of transforming financial risk into local financial risk. Under the theoretical framework of principal-agent, according to the incentive compatible balance mechanism between local government and financial system, this paper constructs the mathematical expression of shared risk between local finance and financial system, and finds three main paths of financial risk financialization through inter provincial panel logit model: business risk transmission of financial industry Financial institutions are offside to undertake the transmission of financial functions, problem online loans and illegal fund-raising.

The fourth chapter studies the main path of transforming local financial risk into local financial risk. Within the analytical framework of Ramsey model, the intertemporal utility maximization model of local residents is constructed on the premise of promising government, and the impact of additional currency issuance caused by fiscal overdraft is introduced, which is also substituted into the inter provincial panel for test. The results show that the main path of financial risk financialization in China: principal-agent transmission brought by tax sharing system Failure transmission of local land financial guarantee and default transmission of local government financing platform.

The fifth chapter summarizes the two risks of mutual transmission. Once the interactive risk occurs, it will accumulate and spread rapidly in a short time. Based on the definition of the types of interactive risk, this chapter explains the generation process and action mode of interactive risk from the mechanism, so as to prepare for the following quantitative analysis.

The sixth chapter makes a spatial empirical analysis of the impact of interactive risk on economic growth. Firstly, based on the above measurement results and theoretical analysis, this paper constructs a cross period economic growth model with liquidity constraints of government debt, resident investment and banking system, and finds the threshold effect of government debt affecting economic growth by changing credit interest rate under the action of economic cycle. Secondly, the spillover effect of interactive risk in prefecture level administrative regions is verified through intuitive and mathematical spatial correlation test, and the risk impact factors are determined. Finally, by substituting into the empirical model, the interactive risk impact economic growth coefficient including spatial spillover effect is obtained, and its economic analysis is carried out respectively.

The seventh chapter combs and analyzes the management experience of financial risks in the United States, Britain, Japan and South Korea. The United States, Britain, Japan and South Korea are both developed countries, which are similar to China in size, location and development path. Through analysis and excavation of their specific methods and measures in preventing and resolving dual risks, we can summarize advanced experience and learn lessons from failure, so as to provide help for China to formulate risk prevention and control policies suitable for its own development status.

The eighth chapter puts forward policy suggestions to prevent and resolve double risks. According to the problems found in the previous quantitative and qualitative research, this paper puts forward a reform plan with practical value, specifically to enhance the self repayment incentive of local governments, strengthen the debt restraint of the central government, introduce the spontaneous restraint force of the financial market, strengthen the ability of the financial system to resist risks and guard against the spread of risks in space.

At present, China's economic situation is generally good, but the international environment and domestic conditions facing economic development are undergoing profound and complex changes. It is inevitable to encounter some difficulties and challenges in promoting the supply side structural reform. There are changes and worries in the stable operation of the economy. In this context, the prevention and resolution of risks must be the precondition for the development of China's economic work for a long time in the future. This paper hopes to provide a new perspective and idea in the field of governance of both systemic finance and local finance risks. The main innovations are as follows:

First, innovation in perspective. This paper takes systemic financial risk and local financial risk as a unified research object for the first time. In the past, scholars mostly studied the two risks separately, rarely explored their internal transmission mechanism, and will not bring them into a unified research framework. This paper creatively integrates the two and combines them.

Innovation in methods. Based on the basic principles of economics, this paper makes mathematical model assumptions and derivation in line with the current economic situation of our country, substitutes provincial data regression analysis, finds the transmission and symbiosis mechanism between the two risks, substitutes prefecture level data on this basis, tests and summarizes the formation mechanism and action mode of interactive risk, It points out the direction for the comprehensive and systematic study of interactive risk.

Third, innovation in content. This paper introduces the spatial spillover effect when analyzing the influencing factors of interactive risk on economic growth, and calculates the spillover coefficient at the national prefecture level administrative region level when interactive risk occurs at the same time, which helps policy makers understand the transmission strength of risk in space more clearly, and provides a new policy tool for effectively controlling the spread of risk.

Fourth, innovation in data. In this paper, the center of gravity distance matrix of prefecture level administrative regions in China is generated through ArcGIS software, and the geographic adjacent matrix is self-made with reference to the map in Stata software. The economic data variables of 277 prefecture level administrative regions are substituted into the two matrices to test the determinants of economic growth including spatial impact. Both geographic matrix and high-order data are used for the first time in the research field.

Key words: Financial risks; Local fiscal risks; Transmission mechanism; Interaction; Spatial analysis

目 录

第一章 导论 (1)
 第一节 选题背景与研究意义 (1)
  一 选题背景 (1)
  二 研究意义 (2)
 第二节 文献综述 (3)
  一 相关概念界定 (3)
  二 研究方向视角 (6)
  三 研究方法视角 (10)
 第三节 研究思路及研究方法 (15)
  一 研究思路 (15)
  二 研究方法 (15)
 第四节 创新点与不足 (17)
  一 创新之处 (17)
  二 不足之处 (17)

第二章 财政金融基本风险理论阐释 (19)
 第一节 财政风险理论 (19)
  一 公共风险理论 (19)
  二 公债风险理论 (20)
  三 财政风险矩阵理论 (22)

四　财政分权风险理论 ………………………………… (24)

　第二节　系统性金融风险理论 ……………………………… (27)

　　一　债务风险理论 …………………………………… (27)

　　二　货币风险理论 …………………………………… (28)

　　三　脆弱性风险理论 ………………………………… (29)

　　四　传染性风险理论 ………………………………… (31)

　　五　预算软约束风险理论 …………………………… (33)

　第三节　风险管理理论 ……………………………………… (34)

　　一　理论发展历程 …………………………………… (34)

　　二　风险管理流程 …………………………………… (37)

第三章　金融风险转化为地方财政风险的路径研究 ………… (40)

　第一节　金融风险财政化的数理模型推导 ………………… (40)

　　一　数理模型假设 …………………………………… (41)

　　二　数理模型建立 …………………………………… (42)

　　三　数理模型求解 …………………………………… (44)

　第二节　金融风险财政化传导路径的实证分析 …………… (46)

　　一　计量模型设计 …………………………………… (47)

　　二　数据来源及变量设定 …………………………… (48)

　　三　分析过程及结果释义 …………………………… (50)

　第三节　金融风险财政化的主要机理 ……………………… (54)

　　一　金融机构经营风险传导 ………………………… (54)

　　二　金融越位承担财政职能传导 …………………… (57)

　　三　问题网贷及非法集资传导 ……………………… (59)

第四章　地方财政风险转化为金融风险的路径研究 ………… (61)

　第一节　财政风险金融化的数理模型推导 ………………… (61)

　　一　数理模型假设 …………………………………… (61)

二　数理模型建立 …………………………………………（62）
　　三　数理模型求解 …………………………………………（63）
第二节　财政风险金融化传导路径的实证分析 ……………（65）
　　一　计量模型设计 …………………………………………（65）
　　二　数据来源及变量设定 …………………………………（66）
　　三　分析过程及结果释义 …………………………………（67）
第三节　财政风险金融化的主要机理 …………………………（71）
　　一　地方政府债务膨胀传导 ………………………………（71）
　　二　土地财政担保失效传导 ………………………………（74）
　　三　地方政府融资平台违约传导 …………………………（76）

第五章　系统性金融与地方财政交互风险研究 …………（79）
第一节　地方政府债务结构失衡风险 …………………………（79）
　　一　债务期限结构错配风险 ………………………………（79）
　　二　债务来源结构单一风险 ………………………………（81）
　　三　债务层级结构失调风险 ………………………………（82）
第二节　地方融资平台过度融资风险 …………………………（84）
　　一　地方政府的道德风险 …………………………………（85）
　　二　影子银行的潜藏风险 …………………………………（86）
　　三　过度融资的惯性风险 …………………………………（88）
第三节　PPP模式错误运用风险 ………………………………（89）
　　一　模式认识不足风险 ……………………………………（89）
　　二　社会资本盲目性风险 …………………………………（91）
　　三　项目运营实际运营风险 ………………………………（92）
第四节　中小企业融资困难风险 ………………………………（94）
　　一　信贷结构不合理风险 …………………………………（94）
　　二　企业非正常融资风险 …………………………………（97）

第六章　交互风险影响经济增长的空间实证研究 ……（99）

第一节　交互风险影响经济增长的数理模型推导 ………（99）
　　一　数理模型假设 …………………………………………（99）
　　二　效用最大化求解 ………………………………………（100）
　　三　门槛效应的验证 ………………………………………（101）
　　四　交互风险影响经济增长的理论解释 …………………（103）

第二节　风险空间溢出效应存在的假设 …………………（104）
　　一　地方政府间的风险空间溢出 …………………………（104）
　　二　金融机构间的风险空间溢出 …………………………（105）

第三节　模型设计和变量选取 ……………………………（106）
　　一　被解释变量 ……………………………………………（106）
　　二　解释变量 ………………………………………………（107）

第四节　交互风险影响因子的判定 ………………………（108）

第五节　交互风险的空间相关性检验 ……………………（111）
　　一　交互风险空间相关性的直观检验 ……………………（112）
　　二　交互风险空间相关性的莫兰检验 ……………………（114）

第六节　交互风险及其溢出风险影响经济增长的
　　　　　　模型结果分析 ……………………………………（116）

第七章　国外防范化解双风险的经验做法探析 ……（121）

第一节　美国防范化解双风险的经验做法 ………………（122）
　　一　美国金融风险防范化解实践 …………………………（122）
　　二　美国地方财政风险防范化解实践 ……………………（123）

第二节　英国防范化解双风险的经验做法 ………………（125）
　　一　英国金融风险防范化解实践 …………………………（125）
　　二　英国地方财政风险防范化解实践 ……………………（130）

第三节　日本防范化解双风险的经验做法 ………………（133）
　　一　日本金融风险防范化解实践 …………………………（134）

二　日本地方财政风险防范化解实践 …………………（137）
　第四节　韩国防范化解双风险的经验做法 ………………（141）
　　一　韩国金融风险防范化解实践……………………（141）
　　二　韩国地方财政风险防范化解实践………………（146）

第八章　中国防范化解双风险的政策建议 ………………（150）
　第一节　增强地方政府偿债激励………………………（150）
　　一　将风险指标纳入考核体系………………………（151）
　　二　鼓励地方政府直接发债…………………………（152）
　　三　着力解决土地财政问题…………………………（153）
　第二节　强化中央政府管理职责…………………………（153）
　　一　明确地方财政纪律准则…………………………（154）
　　二　明确长短期债务处置原则………………………（155）
　第三节　发挥金融市场机制作用…………………………（156）
　　一　编制地方政府资产负债表………………………（156）
　　二　完善政府信用评估机制…………………………（157）
　　三　创建优质债权投资环境…………………………（157）
　　四　允许地方政府债务违约…………………………（158）
　第四节　提升金融体系抗险能力…………………………（158）
　　一　健全金融领域法制建设…………………………（159）
　　二　完善金融信息披露制度…………………………（160）
　　三　建立金融系统内控体系…………………………（160）
　　四　完善金融存款保险制度…………………………（161）
　第五节　防范交互风险空间扩散…………………………（162）
　　一　开展交互风险协同防控…………………………（162）
　　二　优化地方政府债务结构…………………………（163）
　　三　约束融资平台过度融资…………………………（164）
　　四　化解中小企业融资难题…………………………（165）

五　防止多种风险同时爆发 …………………………………（166）

参考文献 ……………………………………………………………（169）

索　引 ………………………………………………………………（182）

后　记 ………………………………………………………………（184）

Contents

Chapter 1 Introduction ········ (1)
  1.1 Topic selection background and research significance ······ (1)
    1.1.1 Topic selection background ········ (1)
    1.1.2 Research significance ········ (2)
  1.2 Literature review ········ (3)
    1.2.1 Definition of relevant concepts ········ (3)
    1.2.2 Review of research directions ········ (6)
    1.2.3 Research method perspective ········ (10)
  1.3 Research ideas and research methods ········ (15)
    1.3.1 Research ideas ········ (15)
    1.3.2 Research methods ········ (15)
  1.4 Research content and framework ········ (17)
    1.4.1 Innovations ········ (17)
    1.4.2 Deficiencies ········ (17)

Chapter 2 Basic theoretical interpretation of fiscal and financial risks ········ (19)
  2.1 Fiscal risk theory ········ (19)
    2.1.1 Public risk theory ········ (19)
    2.1.2 Public debt risk theory ········ (20)
    2.1.3 Fiscal risk matrix theory ········ (22)

2.1.4　Fiscal decentralization risk theory ……………（24）
2.2　Systematic financial risk theory …………………（27）
　　2.2.1　Debt risk theory ……………………………（27）
　　2.2.2　Currency risk theory ………………………（28）
　　2.2.3　Vulnerability risk theory …………………（29）
　　2.2.4　Infectious risk theory ………………………（31）
　　2.2.5　Soft budget constraint risk theory …………（33）
2.3　Risk management theory ………………………（34）
　　2.3.1　Theoretical development process …………（34）
　　2.3.2　Risk management process ………………（37）

Chapter 3　Research on the path of financial risk causing local fiscal risk ……………（40）

3.1　Mathematical model derivation of financial risk financialization ……………………………（40）
　　3.1.1　Mathematical model assumptions …………（41）
　　3.1.2　Mathematical model establishment …………（42）
　　3.1.3　Mathematical model solution ………………（44）
3.2　Empirical analysis of the path of financial risk financialization ……………………………（46）
　　3.2.1　Empirical model design ……………………（47）
　　3.2.2　Data source and variable setting …………（48）
　　3.2.3　Analysis process and results interpretation ……（50）
3.3　Main mechanism of financial risk financialization ………（54）
　　3.3.1　Operational risk transmission of financial institutions …………………………………（54）
　　3.3.2　Financial offside undertaking fiscal function transmission …………………………………（57）

    3.3.3   Problematic Internet loans and illegal fund-raising transmission ⋯⋯ (59)

Chapter 4 Research on the path of local fiscal risk causing financial risk ⋯⋯ (61)

4.1 Mathematical model derivation of local fiscal risk financialization ⋯⋯ (61)

    4.1.1   Mathematical model assumptions ⋯⋯ (61)

    4.1.2   Mathematical model establishment ⋯⋯ (62)

    4.1.3   Mathematical model solution ⋯⋯ (63)

4.2 Empirical analysis on the transmission path of local fiscal risk financialization ⋯⋯ (65)

    4.2.1   Empirical model design ⋯⋯ (65)

    4.2.2   Data source and variable setting ⋯⋯ (66)

    4.2.3   Analysis process and results interpretation ⋯⋯ (67)

4.3 Main mechanism of local fiscal risk financialization ⋯⋯ (71)

    4.3.1   Local government debt inflation transmission ⋯⋯ (71)

    4.3.2   Failure of land financial guarantee transmission ⋯⋯ (74)

    4.3.3   Default of local government financing platform transmission ⋯⋯ (76)

Chapter 5 Research on the interaction risk between systemic finance and local finance ⋯⋯ (79)

5.1 Risk of imbalance of local government debt structure ⋯⋯ (79)

    5.1.1   Mismatch risk of debt maturity structure ⋯⋯ (79)

    5.1.2   Risk of too single debt source structure ⋯⋯ (81)

    5.1.3   Risk of imbalance of debt hierarchy ⋯⋯ (82)

5.2 Over financing risk of local financing platforms ⋯⋯ (84)

    5.2.1   Moral hazard of local government ⋯⋯ (85)

  5.2.2 Hidden risks of shadow banking ……………… (86)

  5.2.3 Risk of inertia of over financing ……………… (88)

 5.3 Risk of wrong application of PPP mode ……………… (89)

  5.3.1 Risk of insufficient understanding of PPP mode …… (89)

  5.3.2 Risks of social capital blindness ……………… (91)

  5.3.3 Actual operational risks of project ……………… (92)

 5.4 Risks of financing difficulties of small and
medium-sized enterprises ……………………………… (94)

  5.4.1 Risks of unreasonable credit structure ………… (94)

  5.4.2 Risks of enterprises abnormal financing ………… (97)

Chapter 6 Spatial empirical study on the interactive risk affecting economic growth ……………………… (99)

 6.1 Mathematical model derivation of interactive risk
affecting economic growth …………………………… (99)

  6.1.1 Mathematical model assumptions ……………… (99)

  6.1.2 Utility maximization solution ………………… (100)

  6.1.3 Verification of threshold effect ………………… (101)

  6.1.4 Theoretical explanation of the interactive risk
affecting economic growt ……………………… (103)

 6.2 Assumption of the existence of risk spatial
spillover effect ………………………………………… (104)

  6.2.1 Risk spatial spillover effect among local
governments …………………………………… (104)

  6.2.2 Risk spatial spillover effect among financial
institutions ……………………………………… (105)

 6.3 Model design and variable selection ………………… (106)

  6.3.1 Explained variable …………………………… (106)

  6.3.2 Explanatory variable ………………………… (107)

6.4　Determination of interaction risk impact factors ……………(108)
6.5　Spatial correlation test of interaction risk ………………(111)
　6.5.1　Visual inspection of spatial correlation of
　　　　　interactive risks ……………………………………(112)
　6.5.2　Moran test of spatial correlation of
　　　　　interactive risks ……………………………………(114)
6.6　Analysis of model results of interaction risk and its
　　　spillover risk affecting economic growth …………………(116)

Chapter 7　Analysis of foreign experience and practices in preventing and resolving double risks …………(121)

7.1　Experience and practice of preventing and resolving
　　　double risks in the United States ……………………………(122)
　7.1.1　US financial risk prevention and
　　　　　resolution practice …………………………………(122)
　7.1.2　Prevention and resolution of local fiscal risks
　　　　　in the United States …………………………………(123)
7.2　British experience and practice in preventing
　　　and resolving double risks ……………………………………(125)
　7.2.1　UK financial risk prevention and
　　　　　resolution practice …………………………………(125)
　7.2.2　UK local fiscal risk prevention and
　　　　　resolution practice …………………………………(130)
7.3　Japan's experience and practice in preventing
　　　and resolving double risks ……………………………………(133)
　7.3.1　Japanese financial risk prevention and
　　　　　resolution practice …………………………………(134)
　7.3.2　Prevention and resolution of local financial
　　　　　risks in Japan …………………………………………(137)

7.4 South Korea's experience and practice in preventing and
    resolving double risks ·· (141)
  7.4.1 Practice of financial risk prevention and resolution
        in South Korea ·· (141)
  7.4.2 Prevention and resolution of local financial risks
        in South Korea ·· (146)

**Chapter 8 Policy suggestions for preventing and resolving
           double risks in China** ···································· (150)
  8.1 Strengthen local governments debt
      repayment incentives ·· (150)
    8.1.1 Incorporate risk indicators into the
          assessment system ·· (151)
    8.1.2 Encourage local governments to issue
          bonds directly ·· (152)
    8.1.3 Focus on solving land finance problems ················ (153)
  8.2 Strengthen the management responsibilities of
      the central government ·· (153)
    8.2.1 Clarify local financial discipline standards ············ (154)
    8.2.2 Clarify the principles of long-term and short-term
          debt disposal ·· (155)
  8.3 Play the role of financial market mechanism ················ (156)
    8.3.1 Preparation of local government balance sheet ······ (156)
    8.3.2 Improve the government credit
          evaluation mechanism ······································ (157)
    8.3.3 Create a high-quality debt investment
          environment ·· (157)
    8.3.4 Allow local government debt default ···················· (158)
  8.4 Improve the risk resistance of the financial system ······ (158)

8.4.1	Improve the legal system construction in the financial field	(159)
8.4.2	Improve the financial information disclosure system	(160)
8.4.3	Establish the internal control system of the financial system	(160)
8.4.4	Improve the financial deposit insurance system	(161)
8.5	Prevent the spatial diffusion of interactive risks	(162)
8.5.1	Carry out collaborative prevention and control of interactive risks	(162)
8.5.2	Optimize the debt structure of local governments	(163)
8.5.3	Restrict over financing of financing platform	(164)
8.5.4	Solving the financing problems of small and medium-sized enterprises	(165)
8.5.5	Prevent multiple risks from erupting at the same time	(166)

References (169)

Indexes (182)

Postscript (184)

第 一 章

导　　论

第一节　选题背景与研究意义

一　选题背景

随着我国经济发展进入深水区，长期积累下来的各项问题开始显现，应该清醒地认识到，盲目追求发展速度已经不能适应现阶段的发展要求，如果发展方向偏离了正确的轨道，风险的集聚与爆发很可能造成惨痛的发展教训，因此风险的防范与化解将成为今后很长一段时间开展经济工作的基础条件。

金融是信用诞生以来现代经济的产物，其产生于实体经济，又为实体经济注入新的活力，被誉为经济的加速器；财政是政府以国家行政力量作为担保而产生的财务收支，在保证自身运行需要的同时，通过行政手段调节资源在经济运行中的分配。金融和财政是对经济影响最大的两种因素，二者之间的相互作用更是与经济运行产生千丝万缕的联系，这种联系可以引导资源流向更有益于增长的领域，帮助经济更好更快地发展，但同时也有可能因为错误的调配使得蕴藏在金融与财政领域的风险积累集聚并交叉传导，导致经济运行受阻甚至崩溃。

结合我国自身的情况来看，我国的金融市场运行和财税体制改革开始时间较晚，成熟化程度有限。改革开放以来的经济高速增长逼迫二者承担了很多责任，在这个过程中势必遗留了潜在的风险爆发点，又恰逢供给侧结构性改革进入深水区，全球贸易保护主义抬头与中美贸易摩擦升温等来自国际环境的不确定性不断积累，为改革增添了新的难度与挑战。

二 研究意义

1. 理论意义

通过大量翔实的文献阅读与研究分析发现，系统性金融风险与财政风险不是孤立存在的，二者之间存在千丝万缕的联系，单一领域的风险监管已经不符合当代经济风险管理实际，如何从宏观层面关注二者在经济运行体系中的交叉关联性并预测其风险爆发点是下一步理论创新的重要方向。当前学者对此领域的研究集中于宏观审慎方面，对已有数据的分析只能判断风险爆发的结果，却无法得到风险形成的过程，并不能从根本上破解谜团。本书的研究意义在于，通过推导二者交互风险的作用机理表达式，逐步放开限制性假设使其符合实际经济运行规律，从而更好地厘清中国系统性金融和地方财政风险产生的原因，并将其代入全国地级行政区域层面的空间计量模型来研究风险防范机制的协调性和有效性，以便于进一步构建完善的调控、监管、预警机制，使维护经济运行稳定的职责、目标、任务、工具更加清晰。

2. 现实意义

伴随着财政体制改革和利率市场化改革的逐步加深，我国经济体系承受的风险性逐渐提升，以风险分析和防控为基础加筑我国监管体系，对于健全宏观经济风险识别机制，提升经济运行的抗风险能力有着重要性和紧迫性。中国经济目前已经进入新常态，发展速度出现"L"形态，这加大了风险监管的难度：一方面要提供充足的资本投放保证社会经济的平稳运行；另一方面也要避免进入激进的信贷圈套，导致杠杆无限制增大。新时期以来，国内市场转型期的阵痛和中美贸易争端的升级给我国统筹推进稳增长、促改革、调结构、惠民生、防风险工作增加了新的挑战。如何在不利的国内外环境中谋求平稳快速的发展，防范与化解财政金融领域的风险具有深远的现实意义。

第二节 文献综述

国内外学者关于防范与化解系统性金融风险与地方财政风险的研究内容非常广泛，根据本书的研究对象，选取了概念界定、理论方向和研究方法三个角度进行历史文献的梳理。

一 相关概念界定

研究一个问题首先要了解问题的边界，风险防控领域的研究必须要明确所涉及风险的基本概念，本书对学者们关于系统性金融风险、地方政府财政风险和二者交互风险的相关概念进行了整理。

1. 系统性金融风险的定义

学术界关于系统性金融风险的研究由来已久，众多学者从不同视角对其进行了大量描述，大致可以分为以下几类：一是危害范围角度。Billio 等指出，系统性金融风险是通过金融体系扩散进而威胁宏观经济稳定的一种破坏性风险，其通过金融体系内部传导，破坏金融系统信贷体系，最终影响经济增长和福利增加。[①] 二是传染性角度。巴曙松指出，系统性金融风险诞生的起点是单个机构中单个事件的爆发，金融结构之间紧密的联系导致冲击在整个金融体系内部

---

① Billio, M., et al., "Econometric Measures of Connectedness and Systemic Risk in the Finance and Insurance Sectors", *Social Science Electronic Publishing*, 104, 3, 2012: 535-559.

扩散。① 韩心灵认为，系统性金融风险是由相互影响互为因果的潜在风险点共同构成，当其中某个或某些风险点出现突发性事件没有得到及时妥善解决时，相关金融机构就会面临倒闭，进而引发连锁反应，引起局部或者全局危机。② 三是功能性角度。葛志强将系统性风险定义为：整个金融体系崩溃或丧失功能的或然性。③ 刘士余指出，金融系统的主要功能是支付结算、融通资金和风险管理，一旦发生系统性区域性金融风险，则整个体系的正常运转就会受到削弱甚至停滞，而金融是现代经济社会运行的命脉，金融系统功能的丧失将会使经济社会受到极大冲击。④ 四是对实体经济的影响角度。G20峰会金融报告指明，系统性金融风险是一种破坏或中断为经济运行提供金融服务的风险。何青指出，系统性金融风险产生的标志是信贷渠道被破坏，结果是实体经济遭受严重的打击，宏观经济受到负面影响。⑤

2. 地方财政风险的定义

我国关于地方财政风险的研究开始较晚，大部分研究都是以地方政府债务作为研究的切入点。关于财政风险最早的定义是由财政部在1986年作出的：财政风险是指在财政发展过程中由于某些经济社会因素影响，给财政运行造成波动和混乱的可能性，集中表现为巨额财政赤字和债务危机。⑥ 之后很多学者开始在这个领域进行深入

---

① 巴曙松：《巴塞尔协议Ⅲ流动性监管新规及其影响》，《南方金融》2013年第5期。
② 韩心灵：《供给侧结构性改革下系统性金融风险：生成逻辑、风险测度与防控对策》，《财经科学》2017年第6期。
③ 葛志强：《我国系统性金融风险的成因、实证及宏观审慎对策研究》《金融发展研究》2011年第4期。
④ 刘士余：《未来十年中国金融业发展与风险控制》，《中国经济周刊》2013年第16期。
⑤ 何青：《中国系统性金融风险的度量——基于实体经济的视角》，《金融研究》2018年第4期。
⑥ 财政部办公厅《新时期的财政工作》编写组：《新时期的财政工作——党的十一届三中全会以来财政文选》，中国财政经济出版社1986年版。

的研究，对地方财政风险的定义也开始丰富起来，王磊指出，地方财政风险的产生主要是源于财政制度的不健全和财政政策的不稳定，这些问题都会对地方政府的财政支出产生消极影响，进而影响地方政府提供公共服务的能力，导致地区经济发展受阻。[1] 杨海生等指出，目前我国的财政风险不仅体现在政府负债的上升，更多地体现在政府收支的高波动的特征。[2] 杨志安等构建了一套基于财政收支、政府负债、运行能力和赤字消化等多个指标的中国财政风险形成机制，对财政风险进行了量化指标的定义。[3] 缪小林指出，地方政府财政风险的核心是地方财政资金配置效率低下，而地方政府债务膨胀只是资金长期低效配置的结果。[4] 国际上关于财政风险的研究很早就存在，大多都是将中央政府财政风险作为研究的重点，特别是在20世纪80年代拉美主权债务危机爆发后出现了一股热潮，但是由于各国财政体制不同，对于地方政府财政风险的研究也相对较少，没有形成统一的共识。美国关系咨询委员会认为，州政府的财政风险包括三种类型：一是地方政府无力支付其前期发行的各类票据的本息；二是地方政府无力履行所雇佣工作人员的薪水和养老金等财政义务；三是地方政府因无法保持财政收支平衡而申请破产。Polackova 指出，财政风险的主要来源是地方政府资产、收入和负债的失衡，长期的收不抵支造成风险不断积累并最终爆发。[5]

---

[1] 王磊：《我国乡镇财政风险的成因与对策》，《山东财政学院学报》2003 年第 6 期。

[2] 杨海生、聂海峰、陈少凌：《财政波动风险影响财政收支的动态研究》，《经济研究》2014 年第 3 期。

[3] 杨志安、宁宇之、汤旖璆：《我国财政风险预警系统构建与实证预测》，《地方财政研究》2014 年第 10 期。

[4] 缪小林：《经济竞争下的地方财政风险：透过债务规模看财政效率》，《财政研究》2016 年第 10 期。

[5] Polackova, H., "Contingent Government Liabilities: A Hidden Risk for Fiscal Stability", Policy Research Working Paper, 1998.

3. 金融财政交互风险的定义

历史上，学者们大多分别研究财政风险和金融风险的作用机制，很少将其统一起来共同考虑，即使有也基本是从金融风险和财政风险联动视角进行考量。黄爱华认为，金融与财政是两个相互依存又相互对立的个体，政府、机构和企业三个主体的短期效用函数时常出现矛盾而导致财政风险与金融风险不可避免的产生，两种风险又会相互转化甚至恶性循环，形成联动机制。① 张泉泉认为，财政风险和金融风险在成因和危害层面可以相互转化，并且系统性金融风险来源广泛，可能同时蕴藏在宏微观财政风险之中，因此对于系统性金融风险的防范要从金融财政两个视角进行。②

二 研究方向视角

学者们对于系统性金融风险和地方财政风险的研究方向非常多元，本书从以下几个角度进行了梳理。

1. 风险测度

国内方面，陈守东通过极端分位数回归对我国 33 家上市金融机构对金融系统的风险贡献进行测度，发现银行类金融机构的风险贡献水平最高且波动幅度最大，证券类、保险类和信托类相对较小，在银行中股份制商业银行的风险贡献率在极端情况下上升。③ 景宏军和王李存利用层次分析法和多层次模糊评判法构建了地方财政风险测度模型，选取了静态和动态的风险指标对于省级财政样本数据进

---

① 黄爱华：《金融风险与财政风险的联动机制分析》，《时代金融》2014 年第 3 期。
② 张泉泉：《系统性金融风险的诱因和防范：金融与财政联动视角》，《改革》2014 年第 10 期。
③ 陈守东：《我国金融机构的系统性金融风险评估——基于极端分位数回归技术的风险度量》，《中国管理科学》2014 年第 7 期。

行分析得出了财政风险的主要成因。① 许涤龙和陈双莲运用 CRITIC 赋权法构建金融压力指数,利用银行、房地产、股票市场等数据测算了我国的金融压力,发现 2008 年末和 2012 年初是我国金融风险比较集中的时段。② 陶玲和朱迎通过分类研究的方法将系统性金融风险分为内部和外部;将风险传导机制分为内部传导和跨境传导;将风险扩散机制分为流动性紧缩机制、资产价格波动机制和信贷资金紧缩机制,进而建立了一种新型系统性金融风险测量体系。③

国际方面,Nicolo 和 Kwast 首先使用 GARCH 模型来测度系统性风险的大小。④ Van Hoose 认为系统性风险产生的原因是金融系统内遍布着机构间交易路径,这些路径构成的网络结构就是风险传播的渠道,因此其采用网络分析法测度了系统性风险。⑤ Illing 和 Liu 采用专家评价法选取了金融风险的代表性指标,重新定义了金融压力即金融系统的潜在危害对经济系统的压力,并测算了加拿大金融压力指数。⑥ 2008 年国际金融危机爆发引起了学者对风险测度的高度关注,一些新的方法开始诞生,Nelson 和 Perli 运用主成分分析法构建了包含两项风险指数的综合指标来测算风险。⑦ Brunnermeier 将金融系统的潜在债务与特定时点的流通性风险结合起来,运用风险价

---

① 景宏军、王李存:《基于模糊综合评判的地方财政风险测算——黑龙江省样板数据的分析》,《哈尔滨商业大学学报》(社会科学版) 2014 年第 6 期。

② 许涤龙、陈双莲:《基于金融压力指数的系统性金融风险测度研究》,《经济学动态》2015 年第 4 期。

③ 陶玲、朱迎:《系统性金融风险的监测和度量——基于中国金融体系的研究》,《金融研究》2016 年第 6 期。

④ De Nicolo, Gianni, Myron L. Kwast, "Systemic Risk and Financial Consolidation: Are They Related?", *Journal of Banking & Finance*, 26 (5), 2002: 861 – 880.

⑤ Van Hoose, D., "Systemic Risks and Macroprudential Bank Regulation: A Critical Appraisal", *Journal of Financial Transformation*, (33), 2011: 45 – 60.

⑥ Illing, Mark, Ying Liu, "Measuring Financial Stress in a Developed Country: An Application to Canada", *Journal of Financial Stability*, 2 (3), 2006: 243 – 265.

⑦ Nelson, William R., Roberto Perli, "Selected Indicators of Financial Stability", *Risk Measurement and Systemic Risk*, 4, 2007: 343 – 372.

值法测度系统性风险的即时值。① Hollo 等构建了系统性综合压力指数体系来测度金融系统所承受的压力水平。②

2. 风险传导

国内方面,在金融风险传导领域,陈建青等构建了静态和动态 CoVaR 模型对我国金融行业间风险溢出效应进行分析,发现金融风险加剧时溢出效应具有正向性和非对称性,且与市场繁荣程度具有正相关性。③ 王擎和田娇构建了包含政府、银行、企业和居民在内的 DSGE 模型,设计了存在全要素生产率、货币供应、住房需求、基准利率、消费贷款违约率和企业贷款违约率等外生冲击的金融风险传递机制,结果发现由于资本监管存在顺周期性,提高资本约束无法有效改善实体经济运行。④ 在财政风险传导领域,姚金海构建了人口老龄化、养老金收支和财政风险的理论模型,发现养老金投资收益率低和退休年龄的提前可能会带来严重的财政风险。⑤ 张睿和陈卫华认为,债务结构会对政府还本付息能力和再贷款能力产生直接影响,并通过模型验证通过减少还本付息成本的手段调节债务反而会增加债务违约的可能性。⑥ 刘冰以重庆为例进行研究,发现政府债务风险的四条传导路径:上下级财政路径、银行金融路径、实体经济路径

---

① Brunnermeier, Markus K., "Deciphering the Liquidity and Credit Crunch 2007 – 2008", *Journal of Economic Perspectives*, 23 (1), 2009: 77 – 100.
② Hollo, D., M. Kremer, M. L. Duca, "ISS-A Composite Indicator of Systemic Stress in the Financial System", Social Science Electronic Publishing.
③ 陈建青、王擎、许韶辉:《金融行业间的系统性金融风险溢出效应研究》,《数量经济技术经济研究》2015 年第 9 期。
④ 王擎、田娇:《银行资本监管与系统性金融风险传递——基于 DSGE 模型的分析》,《中国社会科学》2016 年第 3 期。
⑤ 姚金海:《人口老龄化、养老金收支缺口与财政风险的传导与化解——以 A 市为例的一项实证研究》,《管理评论》2016 年第 4 期。
⑥ 张睿、陈卫华:《发展中国家的债务危机与债务管理》,《科技与管理》2005 年第 2 期。

和资本市场路径,将财政风险的防控明确为一项系统工程。①

国际方面,Stiglitz 指出,随着银行经营关系的逐渐紧密,一家银行的流动性风险很容易导致整个金融体系出现危险,并且国际间银行支付体系不断深入发展,全球支付网络也成为系统性金融风险的重要传导途径。② 2008 年国际金融危机后,对于传导理论又有了新的进展,Acharya 的研究表明,由于全球性监管协同合作开展并不充分,导致金融危机爆发时容易相互传染而不能提前设置防火墙。③ Adrian 和 Shin 从金融机构资产负债表的角度分析了金融风险的传导,认为金融危机是通过风险衡量、价格改变来传导的,资产价格的变化导致资产负债表瞬间改变,使得市场参与者马上做出反应,将冲击瞬间放大。④ 在财政风险传导领域,Cottarelli 等认为地方政府债务风险是引发财政危机的重要原因,而其根源是地方政府对自身财务状况认识不足,政府官员对信贷的相关知识掌握不够,同时信息披露制度也不完善,使得政府债务不断积累,最终传导为财政风险。⑤

3. 财政金融风险交互作用

国内方面,缪小林和伏润民认为,地方政府债务风险不仅会通过纵向财政通道引发中央财政风险,而且会通过金融机构引发金融危机。⑥ 高英慧根据系统动力学理论对地方政府债务风险进行分析,发现财政风险、金融风险和信用风险中存在内在联系:第一,上级

---

① 刘冰:《地方政府性债务风险传导路径与免疫机制——以重庆市为例》,硕士学位论文,重庆理工大学,2015 年。
② Stiglitz J., "Distinguished Lecture on Economics in Government: The Private Uses of Public Interests: Incentives and Institutions", *Journal of Economic Perspectives*, 12 (2), 1998: 3-22.
③ Acharya, "A Theory of Systemic Risk and Design of Prudential Bank Regulation", *Journal of Financial Stability*, 5 (3), 2009: 224-255.
④ Adrian T., Shin H. S., "Liquidity, Monetary Policy, and Financial Cycles", *Current Issues in Economics & Finance*, 14 (1), 2008.
⑤ Cottarelli C., Gerson P., Senhadji A., *Post-crisis Fiscal Policy*, 2014.
⑥ 缪小林、伏润民:《地方政府债务风险的内涵与生成:一个文献综述及权责时空分离下的思考》,《经济学家》2013 年第 8 期。

政府通过转移支付救助下级政府的财政行为，很有可能引发中央财政危机；第二，地方政府融资平台无力还债引致银行不良贷款增加，导致金融系统受到威胁；第三，地方政府债务涉及民众利益，不能妥善解决影响政府公信力。① 毛锐构建了私人信贷和商业银行作为地方政府债权人的具有流动性约束的 DSGE 模型，测度了地方政府债务风险迭代累积引发金融风险的可能性。结果发现，地方政府的债务规模呈现明显的顺周期特性，政府和银行间密切的业务联系使得商业银行成为政府债务风险的载体，财政风险很有可能诱发金融风险。②

国际方面，Heinemann 对欧洲各国的债券利差进行分析指出，由于投资人存在稳定性偏好，因此财政政策比较稳定的国家发行政府债券的利率较低，偿还也更有保证，相反财政政策多变的国家则会不断积累财政风险，导致资本外流，金融市场失去活力，最终通过利差体现出来，造成恶性循环。③ Rutkauskas 等测度了经济周期与公共债务的变化关系，探索了金融稳定性与财政可持续性之间的联系，发现经济繁荣时私人部门不断提高杠杆使经济增长达到新的高度，在衰退时期为了维持同一水平，公共部门被迫增加债务，导致每一次经济衰退都为主权债务危机埋下伏笔。④

三　研究方法视角

学者们运用多种研究方法对于系统性金融风险和地方财政风险

---

① 高英慧：《基于利益相关者的地方政府债务风险及其治理研究》，博士学位论文，辽宁工程技术大学，2015 年。

② 毛锐：《地方政府债务扩张与系统性金融风险的触发机制》，《中国工业经济》2018 年第 4 期。

③ Heinemann F. , "FIRE for the Euro: A Superior Way to Bond Market Stabilization", *Jahrbücher Für Nationalökonomie Und Statistik*, 232 (6), 2012: 702-709.

④ Rutkauskas A. V. , Stasytytė V. , Maknickienē N. , "Government Debt as the Integral Portfolio of Assets and Liabilities Generated by Debt", *Journal of Business Economics & Management*, 15 (1), 2014: 22-40.

进行研究，本书选取了最常用的几种方法进行梳理。

1. 实证计量法

国内方面，章曦选取了7个代表性指标首次完成了我国系统性金融风险的金融压力指数和分指数的构建，发现了金融风险的顺周期性和传染性特征，进而利用 ARMA 模型对风险趋势进行了拟合和预测。① 刘军等利用60个国家或地区1980—2010年的年度数据，测算了财政风险指数，并运用随机边界模型进行了财政管理效率分析。② 张斌彬和何德旭采用2011—2016年中国30个省级地区的面板数据，利用 KMV 模型和空间杜宾模型，分析了财政分权对于地方政府债务风险的影响机理。③

国际方面，Giglio 等提供了一种新的测度系统性风险指标的工具并命名为降维计算器，用于测量截面数据的风险指数，其评估了数十年美国和欧洲的19项风险指标，并在因子模型中证明了其一致性。④ Favilukis 等构建了一般均衡模型来测算住房市场的金融风险，其在计量中不断放松金融市场抵押借贷的约束假设，结果显示房价大涨的原因主要来源于融资约束的解绑。⑤ Afflatet 在政治周期理论和市场约束理论的假设基础上构造了失业率、选民偏好和主权违约可能性对于财政赤字的决定方程，并通过定量的方式测算了各项因

---

① 章曦：《中国系统性金融风险测度、识别和预测》，《中央财经大学学报》2016年第2期。

② 刘军、欧阳远芬、孟祥轶：《财政风险指数与财政效率研究——基于跨国面板数据的实证分析》，《中央财经大学学报》2016年第8期。

③ 张斌彬、何德旭：《金融显性集权，隐性分权与区域金融风险——基于 kmv 和空间面板杜宾模型的实证研究》，《福建论坛：人文社会科学版》2019年第5期。

④ Giglio S., Kelly B., Pruitt S., "Systemic Risk and the Macroeconomy: An Empirical Evaluation", *Seth Pruitt*, 119 (3), 2012: 457–471.

⑤ Favilukis, J., S. C. Ludvigson, and S. V. Nieuwerburgh, "The Macroeconomic Effects of Housing Wealth, Housing Finance, and Limited Risk-sharing in General Equilibrium", *SSRN Electronic Journal*, 2010.

子的作用力度。① Asatryan 等运用 1975—2000 年 23 个 OECD 国家的样本进行实证检验，发现扩大地方收入分权有减小财政风险的作用，并通过 2002—2008 年的 34 个 OECD 国家的独立数据集验证了这一结论。②

2. 比较研究法

国内方面，王周伟等将风险溢出特征作为考察方向，从计算步骤、适用环境和结果呈现三个方面对分位数回归法、Copula 函数法以及 DCC-GARCH 模型三种计量方法进行了比较研究，分析了各自的优缺点。③ 刘霞从金融监管职能、金融监管目标、金融监管原则和金融监管模式四个方面对世界各国在金融危机后的监管体制改革进行了比较分析。④ 赵剑锋采用国家审计署 2014 年对于东北三省的地方债务审计数据从地方债超速增长风险、存量负担风险、金融支持风险和短期偿债风险四个因子视角，与天津、河北以及全国的均值进行比较研究，得出了黑吉辽三省的地方债风险特征、风险差异和风险归因。⑤

国际方面，Dellepiane-Avellaneda 和 Hardiman 整理 20 世纪 80 年代以来各国应对危机时对于债务问题的整治，分别配对比较了爱尔兰和希腊、爱尔兰和英国、希腊和西班牙的数据，并将各国的财政

---

① Afflatet N., "Public Debt and Borrowing: Are Governments Disciplined by Financial Markets?", *Cogent Economics & Finance*, 4 (1), 2015.

② Asatryan Z., Feld L. P., Geys B., "Partial Fiscal Decentralization and Sub-national Government Fiscal Discipline: Empirical Evidence from OECD Countries", *Social Science Electronic Publishing*, 163 (3-4), 2015: 307-320.

③ 王周伟、吕思聪、茆训诚：《基于风险溢出关联特征的 CoVaR 计算方法有效性比较及应用》，《经济评论》2014 年第 4 期。

④ 刘霞：《金融危机后金融监管体制改革国际比较研究》，《西南金融》2014 年第 5 期。

⑤ 赵剑锋：《"东北再振兴"与地方债风险障碍——基于地方债风险的因子比较研究》，《财会通讯》2016 年第 26 期。

变革当成是反映政府战略的动态特征进行研究。① Hanson 等设计了一种存在外生风险的政府成本收益分析模型,并假设在市场失灵时政府具有两种行为模式,第一种政府以社会风险管理的视角看待项目收益,此时政府会在融资成本高昂时继续融资而减少对税收的扭曲,而第二种政府以财政风险管理的视角看待项目收益,此时政府为了避免破产开始提高税收、降低利率将风险转移到市场,然后对这两种行为模式进行比较,得出财政风险的最小化解。② Soares 等认为欧洲的主权债务危机频发表明,在各国金融体系运行状态存在差异的前提下,一种共同的强势货币不能表现出良好的兼容性,因此其对 6 个欧元区国家的代表性金融企业进行比较分析,发现 2008 年之后随着金融风险的爆发,欧元区金融体系中集群优势带来的积极作用逐渐消失。③ Rahman 通过比较研究法探究孟加拉国国有商业银行和私营商业银行金融风险积累的异同,使用 CAMEL 分析发现两个银行体系内的主要风险差异表现在资本充足率和流动性管理两个方面。④

3. 模型推导法

国内方面,刘青云在 Barth 的风险转移模型基础上推导了银行双重风险转移模型,并在其中引入资产定价模型的无风险利率,最终得到了商业银行的风险预期回报。⑤ 韩雍和刘生福构建了一个贷款市

---

① Dellepiane-Avellaneda, S., N. Hardiman, *The Politics of Fiscal Efforts in Ireland and Spain: Market Credibility vs. Political Legitimacy*, Palgrave Macmillan UK, 2015.

② Hanson, S. G., D. S. Scharfstein, and A. Sunderam, "Fiscal Risk and the Portfolio of Government Programs", Social Science Electronic Publishing.

③ Soares, Jo ao Oliveira, Joaquim P. Pina., "Macro-Regions, Countries and Financial Ratios: A Comparative Study in the Euro Area (2000 – 2009)", *Revista Portuguesa de Estudos Regionais*, 45, 2017: 83 – 92.

④ Rahman, Mohammed Mizanur, "Capital Requirements, the Cost of Financial Intermediation and Bank Risk-taking: Empirical Evidence from Bangladesh", *Research in International Business and Finance*, 44, 2018: 488 – 503.

⑤ 刘青云:《商业银行风险承担动机的数理推导和实证检验——基于美、日、印三国 2787 家商业银行数据的经验证据》,《经济问题》2017 年第 2 期。

场中的银行竞争模型,揭示了贷款市场竞争的增强会降低商业银行的贷款利率从而减轻企业贷款成本和从事冒险活动的动机,间接降低了商业银行的信用风险的机制。① 王桂花和许成安在熵模型的基础上推导了我国地方政府债务风险预警模型,并构建了指标体系,在理论上提供了一种新的债务风险控制思路。② 岳树民在新古典经济增长理论的基础框架下,将同一经济体按照生产要素是否包含土地划分为马尔萨斯部门和索洛部门,在此基础上推导出了土地财政影响经济增长的表达式,进而得出政府征用农业用地转化为商业用地反而会促进经济增长并减轻财政风险的结论。③

国际方面,Poledna 等④为了测试金融体系的风险承载能力,使用了 Domenico⑤ 修改后的 CRISIS 宏观金融模型,并允许模型中的资本自由流动,发现了三个直接影响风险程度的互动形式:企业和银行在信贷市场的互动;银行之间在银行间市场中的互动;家庭和企业在就业市场的互动。Kliem 和 Meyergohde⑥ 从 Ferman⑦ 的一般均衡模型中提出新的假设从而推导出政府财政风险与利率期限结构之间的动态联系。

---

① 韩雍、刘生福:《市场竞争与商业银行风险承担——理论推导与来自中国银行业的经验证据》,《投资研究》2018 年第 5 期。

② 王桂花、许成安:《新型城镇化背景下地方政府债务风险动态管理研究——理论分析与模型构建》,《审计与经济研究》2014 年第 4 期。

③ 岳树民:《土地财政影响中国经济增长的传导机制——数理模型推导及基于省际面板数据的分析》,《财贸经济》2016 年第 5 期。

④ Poledna S., Bochmann O., Thurner S., "Basel Ⅲ Capital Surcharges for G-SIBs fail to Control Systemic Risk and Can Cause Pro-cyclical Side Effects", *arxiv preprint arxiv*, 1602 (03505), 2016.

⑤ Domenico, "Financial Instability, Income Distribution, and the Stock Market", *Journal of Post Keynesian Economics*, 12 (3), 2015: 356 – 374.

⑥ Kliem M., Meyergohde A., "Fiscal Policy and the Term Structure of Interest Rates in a DSGE Model", *FinMaP-Working Papers*, 38 (1), 2016: 141 – 162.

⑦ Ferman, Marcelo, "Switching Monetary Policy Regimes and the Nominal Term Structure", *FMG Discussion Papers*, 2011.

第三节 研究思路及研究方法

一 研究思路

本书综合运用多种研究方法,从理论研究着手,定性研究与定量研究相结合。首先,在梳理和评述已有文献的基础上,整理了金融风险和财政风险的相关理论,推导了二者的相互传导机制,并检验得出了显著的传导路径。其次,根据二者的相互关系,定性地阐释了交互风险的形成机理和作用方式,为空间计量的模型设计打下良好的基础。再次,构建了存在政府负债、居民投资和银行系统的流动性约束跨期经济增长模型,并通过直观和数理的空间相关性验证了交互风险在地级行政区域内的溢出效应,代入模型得出了交互风险影响经济增长的变量系数。最后,立足于我国目前所面临的国内外形势,结合国外治理风险的丰富经验,提出了适合我国发展现状的政策建议。

二 研究方法

1. 文献阅读法

阅读相关书籍和文献以及历年《中国统计年鉴》《中国金融年鉴》《中国财政年鉴》。

2. 定性分析方法

(1) 比较分析法:比较两种风险的行为特点、激发机制、传导效应等方面,为有针对性地量化风险和规避风险打好基础。

(2) 系统分析法:将系统性金融风险与财政风险纳入经济运行框架进行分析,找到二者风险爆发的交叉点。

3. 定量分析法

(1) 统计分析法:对影响系统性金融风险与财政风险的变量进

行统计分析,以直观地找出其影响方向与程度并探索作用机理。

(2) 模型推导法:根据经济学原理提出合理的假设代入数理推导范式,逐步放开假设使其贴近真实情况,最终推导出风险决定表达式。

(3) 实证分析法:采用动态面板的空间计量分析,以全国范围内所有地级行政区域为分析对象,探索交互风险产生与溢出机制,最终找到包含空间溢出项的风险影响系数。

4. 规范分析法

对国外经验及计量结果进行规范分析,提出政策建议。

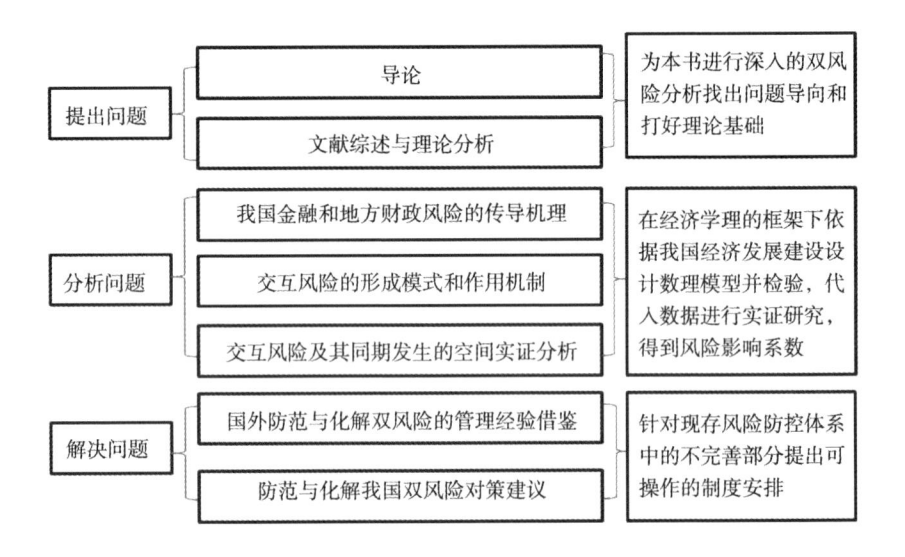

图 1-1 研究内容及框架

第四节 创新点与不足

一 创新之处

视角上的创新。本书首次将系统性金融风险和地方财政风险作为统一的研究对象开展研究。以往学者们大多对两种风险进行分离研究，鲜有针对其内在传导机理的探索，更不会将其纳入统一的研究框架，本书创新性地将二者融为一体，合并研究。

方法上的创新。本书对金融风险和地方财政风险层层剥茧，从经济学基本原理出发进行符合我国经济现状的数理模型假设和推导，代入省级数据回归分析，找到了两种风险相互之间的传导共生机制，并在此基础上代入地级数据检验并归纳了交互风险的形成机理和作用方式，为之后全面系统研究交互风险问题指明了方向。

内容上的创新。本书在分析交互风险对经济增长的影响因素时引入了空间溢出效应，测算了交互风险同时发生时在全国地级行政区域层面的溢出系数，帮助政策制定者更为清晰明确地了解风险在空间范围内的传播力度，给有效控制风险的蔓延提供了新的政策工具。

数据上的创新。本书通过 Arcgis 软件生成了我国地级行政区域的重心距离矩阵，并在 Stata 软件中参照地图自制了地理相邻矩阵，将整理加工的 277 个地级行政区域的经济数据变量代入两个矩阵中，检验出包含空间影响的经济增长决定因素，地理矩阵和高阶数据均为研究领域首次运用。

二 不足之处

由于作者水平有限，本书尚有如下不足之处。第一，本书所涉及的风险交叉、传导、溢出是以全国 31 个省级行政区划单位与 277 个地级行政单位为研究对象，研究对象数量较多、范围较广，基础数据来自数据库数据，根据模型推导进行加工整理后带入测算，虽然空间回归结果均通过了显著性和稳健性检验，但却忽略了东中西部地区间的差异，容易造成局部表现与整体呈现不符的问题。

第二，本书政策建议大多依据定量研究分析结果得出，在针对性与准确性上把握较大，但研提政策的出发点偏重于宏观角度，对施策层级与力度要求较高。而在现实情况中，大多政策需求来自基层政府，其对双风险的切身感受更为直接而政策工具却较为贫乏，本书在这个方面着墨不多，在基层政府防范与化解双风险的政策建议上仍需加强。

第 二 章

财政金融基本风险理论阐释

学者们对风险理论研究历史悠久、成果丰富,形成了完整成熟的理论体系,本书根据所涉及的研究对象,整理并分析了相关领域的理论,具体分为财政风险理论、系统性金融风险理论和风险管理理论三个方面。

第一节 财政风险理论

各国财政体制不同,风险形成的机理也会有所区别,国际上认可度比较高的财政风险理论有以下四类:公共风险理论、公债风险理论、财政风险矩阵理论和财政分权风险理论。

一 公共风险理论

公共风险是一个相对概念。根据风险承担的主体不同,风险被划分为个体风险和公共风险,个体风险通常具有独立性,与之相反,公共风险具有外部性,会对社会产生显著的影响。

具体来说公共风险具有三个主要特征。一是隐蔽性,公共风险的积累一般非常隐蔽,不易被察觉,在风险发展初期通常难以识别,而且公共风险多是由于多重因素共同作用形成,因此难以界定责任主体,依靠市场自身化解的可能性较低,多数需要政府承担防控责任,当外界感知风险时,通常风险已经发展到非常严重的地步。二是外部性,公共风险波及范围非常广泛,其发生时常常会波及社会里的所有企业、家庭和个人,甚至会在企业和家庭之间相互传递,如通货膨胀、社会动乱。三是不可分割性,社会必须作为一个整体来应对风险,没有人可以幸免或者逃避,风险也不会被切割消化,如自然灾害。

按照国内外学者的研究结论,公共风险包括由粗放型经济增长模式造成的环境承载风险,如雾霾肆虐;也有制度不完善导致资源分配不均的社会风险,如教育资源、社保资源的区域性差异;还有由发展问题引发的经济风险,如企业大面积亏损导致的失业和通货膨胀导致的社会购买力下降;更有金融危机引发的金融风险,如某些系统重要性金融机构倒闭引发的政府救市风险。

以上事例可以看出,公共风险一旦爆发,破坏力巨大,无法通过市场机制自行消化,必须要政府出手解决,此时就要进行公共支出。因此就出现了一种理论上的逻辑关系:公共风险—公共支出。而由于制度不健全,地方政府常常出现公共支出的目的与期望产生偏差的问题,进而导致财政风险,从这个角度来看,政府的财政风险其实是政府在应对公共风险过程中所衍生出来的一种风险,此时逻辑关系变成:公共风险—公共支出—财政风险。因此财政风险的源头就是公共风险,而公共风险的防控也就成为防范与化解财政风险的重要切入点。目前,我国经济社会正在处于国内国外多种不确定性共同冲击下的潜在公共风险高发期,此时防范财政风险的一项重要内容就是构建完备的公共风险管理体系。

二 公债风险理论

公债是政府为了解决账户透支问题而采取的借债,是政府收入的重要补充,很大程度上缓解了政府的资金压力,但同时也成了财政风险的重要诱因，科学地看待公债，有利于产生正确的财政观，有利于政府抵御财政风险。

关于公债的探讨开始时间很早，早期的公债研究者大都是公债的反对者，其中比较有代表性的人物是托马斯·阿奎那，其认为公债将会在很大程度上削弱国家的实力，例如，国王可以用铸币权在战争时期采购粮食，而无须借债。[1] Bodin 在《国家论》中指明公债会导致王室财政崩溃，进而阻碍国民经济发展，如果需要应直接向公民征收军事特别费。[2] 大卫·休谟提出"公债亡国论"，其认为公债被他国持有会导致国家成为他国的傀儡。[3] 古典经济学派同样也是公债危险论的拥护者，其代表人物是亚当·斯密，其认为公债具有两点风险，一是国家举债的根本原因是当权者奢靡，最终的结果是大量无辜国民受难；二是公债常被用于非生产领域，这势必会阻碍国民经济发展。[4] 大卫·李嘉图也持有相同的观点，并进行了补充，其认为公债掩盖了国家的真实经济状况，让民众误以为国家富足而不知节俭。李嘉图还在《政治经济学及赋税原理》中提出了政府征税和发债等价原理，认为政府无论通过何种方式取得经费对国民经济造成的影响是相同的。[5] 法国的萨伊对本国公债问题进行了系统的研究，得出的结论与亚当·斯密相同，不建议政府进行赤字，其认为政府的开支与家庭的消费没有本质区别，这种支出行为无论公私都会造成资本积累的减损，引致价值毁灭和财富损失。

历史学派反对新古典经济学派放任自由的经济主张，崇尚国家干预经济，因此形成了完全不同的公债观，最早形成这一见解的是

---

[1] 梁健：《托马斯·阿奎那与新托马斯主义》，《上海大学学报：社会科学版》1990 年第 4 期。

[2] Bodin Jean, *On Sovereignty*, Cambridge University Press, 1992.

[3] 转引自陈玮《汉译世界学术名著丛书：休谟经济论文选》，商务印书馆 1997 年版。

[4] [英]亚当·斯密：《国富论》，郭大力、王亚南译，译林出版社 2011 年版。

[5] [英]李嘉图：《政治经济学及赋税原理》，郭大力、王亚南译，北京联合出版公司 2013 年版。

德国新历史学派代表人物瓦格纳，同时他也是第一个将财政开支与经济周期联系起来的经济学家，因此也被誉为早期财政政策倡导者，其认为公债不同于赋税，因为公债是对社会闲置资本的应用，这种方式既避免了资本涌入投机市场带来风险又为国民提供了更多的就业岗位，两全其美。约翰·斯图亚特·穆勒持有类似观点，其认为如果通过公债支持大型财政支出计划不仅不会造成国家资源和财力缩减，反而会加快国民经济发展速度。[1] 20 世纪 30 年代的经济危机将凯恩斯学派推向了前台，也将其公债理论推向了高峰，其认为在危机状态下，提高国家财政支出可以一定程度上挽救危机，解决就业，国家推行赤字政策是为了推动经济发展，最终目的也是达到预算平衡，而公债是弥补财政赤字最直接的政策手段。公共选择学派也在公债领域进行了大量的研究，其中具有代表性的是詹姆斯·布坎南，其认为国债相对于税收既不被纳税人约束也不受政治势力牵制，是一种优良的融资工具。[2]

各个学派关于公债的观点各不相同，但都承认公债存在风险这一基本事实，中国各级政府目前也在积极探索践行和探索通过发债手段来充实财政实力，需对公债风险有更加深刻的理解。

三 财政风险矩阵理论

财政风险矩阵理论是由世界银行高级经济学家 Brixi 在 2002 年首先提出的，Brixi 的主要研究是围绕政府"或有负债"进行的，由于工作性质的要求，其得到的研究结果大多数偏重于政策建议类，对于财政风险理论的涉及不多，但是其财政风险矩阵对于财政风险理论的补充却意义重大，这源于创造性地提出了"隐形债务"和

---

[1] [英] 穆勒：《政治经济学原理及其在社会哲学上的若干应用》，赵荣潜译，商务印书馆 1991 年版。

[2] [美] 詹姆斯·布坎南：《自由、市场和国家》，吴良健译，北京经济学院出版社 1988 版。

"或有负债"两个概念。①

"隐形债务"是一个相对的概念,其对应的是显性债务,是指可以观测到的政府具有还款责任的债务,必须具备可计算、可抵消、可转移的性质。而"隐形债务"就是指不容易被检测和挖掘的债务,需要严格的监督手段和高超的精算技术才能识别的债务。"或有负债"的定义是有可能产生支付的债务,这个概念很宽泛,实际上是一个未知的债务风险。与其相对应的是直接负债,这是非常明确的应付债务,相比于显性债务和隐形债务,或有负债更加难以预测和控制。在此基础上,将显性负债、隐性负债、直接负债和或有负债进行组合,可以得到四种债务类型:直接显性负债、直接隐形负债、或有显性负债和或有隐性负债。在财政风险矩阵理论中,直接显性负债的偿还责任最为明确,是政府在任何情况下都必须履行的受到法律约束的责任,债务到期时政府承担清偿义务;直接隐形负债是指在政府财政预算中可能没有清楚的列明,但是却不依附于其他事件而必然发生的、任何情况下都存在、偿还责任可以预见的负债。其不是法律或合同明确规定的政府责任,但利益集团和公众却需要政府基于道义而承担的责任;或有显性负债是指在满足一定条件时政府才会履行的债务责任,比较常见的或有显性负债是指政府出面担保的项目,如果被担保人在合同期内无法履行偿债责任,政府就有代为偿付的义务;或有隐性负债是指在满足某一特定情况时政府可以基于自身情况选择是否承担的负债,通常是政府行为导致的连带债务责任。有三种具体情况:一是政府的长期行为可能是导致市场失灵的诱因;二是公众和利益集团有要求政府承担债务的倾向;三是政府评估发现不承担债务责任可能会造成社会损失成本过高。这四项财政风险构成财政风险矩阵,成为政府判断财政风险的有力工具。

---

① Brixi H. P., Schick A., "Government at Risk: Contingent Liabilities and Fiscal Risk", *World Bank Publications*, 9 (7), 2002: 533.

四　财政分权风险理论

财政分权的字面意思是财政收支的权力在中央政府与地方政府之间的分配,深层含义是中央政府在保证自身财力的情况下保持地方政府一定的收支规模,使地方政府有自主制定适合本地区发展政策和提供更好公共服务的空间。财政分权的目的是让地方政府有能力按照本地区居民的偏好提供公共服务,使居民福利最大化。财政分权理论发展至今已经有逾七十年的历史了,其目的是帮助各级政府合理地分配财权事权,维持高效运转,摆脱失灵困境。为了实现这一目的,财政分权理论在发展过程中不断完善,试图厘清各级政府的收入来源、支出责任及其存在的理由。按照发展过程来说,共分为两个阶段。

第一代财政分权理论又称为传统财政分权理论,是在新古典经济学理论框架内形成的,其核心观点是证明保留地方政府财政自主权的合理性。Tiebout 在《地方存在的纯理论》中提出了"用脚投票"的观点,指出居民可以在地区间自由流动,当一方政府无法为本地居民提供合理的公共服务时,就会造成人口外流,相反也会吸引人口流入,如果希望居民能够长久的居住下来,则需要地方政府提供的"税收+服务"组合符合居民的预期,因此保证地方政府的财政权力很有必要。[①] 但同时这个理论在后期也受到很多学者的质疑,主要是因为其理论假设过于强烈,居民既要具有完全的流动性又要对不同地区的"税收+服务"充分了解,国家范围内要保证有足够的地方行政单位,并且要保证提供的公共服务不受人口规模限制和不存在外部性,这些假设在实际层面并不能被满足。Musgrave 从政府分工的角度分析了中央政府与地方政府独立存在的必要性,认为中央政府保持财政充足的目的是维护本国宏观经济的平稳运行,

---

① Tiebout C. M., "A Pure Theory of Local Expenditures", *Journal of Political Economy*, 64 (5), 1956: 416–424.

而地方政府的主要目的则是改善本地居民的福利水平和提高经济运行效率，在本质上二者的目标是一致的，但是具体操作上却有很大的差异，中央政府无法根据区域差异性满足公共产品的供给效率而地方政府无力抵御地区特异性风险，财政分权使二者各司其职保证经济发展良好运行。① 除此之外，Musgrave 还设计了最优财政结构模型，并计算出社会最优公共物品供给数量，为政府合理分配财政支出提供了解决方案。Oates 被称为联邦财政理论之父，其在著作《财政联邦主义》（1972）中提出了分权理论的核心是分散化提供公共服务的相对优势，指出完全集权在解决长期发展问题和维护社会稳定方面具有优势，而完全分权在满足居民偏好和经济发展精细化方面具有优势，财政分权则可以在这两个极端优势中找到平衡。他认为当中央政府和地方政府以相同的成本提供公共服务时，地方政府往往做得更加出色，更能体现效率原则，因此保证地方政府的财政自主权有助于政府部门获得更高的支持率。②

第二代财政分权理论的基础是市场保护型分权理论，早期是由 Brennan 和 Buchanan 从公共选择的角度提出了与第一代分权理论不同的假设。③ 之后随着信息经济学的发展，钱颖一、Weingast 等以信息不对称的视角引入新的分析框架，标志着第二代财政分权理论的诞生。④ 第二代理论的核心假设是分权的制度设计者也需要足够的激

---

① Musgrave, R. A., C. S. Shoup, *Readings in the Economics of Taxation*, University of Chicago Press, 1959.

② Wright D. S., Oates W. E., "Fiscal Federalism", *American Political Science Association*, 68 (4), 1974: 1777.

③ Brennan G., Buchanan J. M., "The Logic of the Ricardian Equivalence Theorem", *Finanzarchiv*, 38 (1), 1980: 4–16.

④ Qian Yingyi, Barry R. Weingast., "China's Transition to Markets: Market-preserving Federalism, Chinese Style", *The Journal of Policy Reform*, (1.2), 1996: 149–185; Weingast B. R., "The Economic Role of Political Institutions: Market-preserving Federalism and Economic Development", *Journal of Law Economics & Organization*, 11 (1), 1995: 1–31.

励。伴随着计量手段的不断发展，有关于财政分权的实证研究开始逐步增加，钱颖一从中国财政分权改革进程中寻求规律，其认为第一代财政分权理论纯粹为了证明地方政府财政权力存在的合理性，并没有探究分权机制运行的本质，并且天然地假设地方政府官员忠于职守也不完全符合现实情况，因此构建了一个更为合理的分权体系，这个体系取消了对地方官员的严格假设，将其看作一个理性的经济人，把对于地方官员的名利激励与对于地方居民的福利激励结合起来共同考虑。这个体系被称为市场维护型财政分权体系，其必须满足五个条件：一是政府体系中的各级政府都在一定范围内具有自主权；二是当地政府负责地方行政区域的管理；三是中央政府的主要责任是确保市场中各要素合理流动；四是政府间的收入分享机制公开，借贷机制受到严格约束；五是政府间权责关系稳定，不会轻易调整。这个体系还具有内在的激励机制来确保系统的可持续性，地方政府官员需要积极使用财政权力来发展本地经济，以取得升迁的机会，并在此过程中接受上级政府的监督；中央政府官员需要分享财政权力来获取地方的配合与支持，以谋取国家层面的稳定与繁荣，在此过程中受到民众的监督。

可以看出第一代与第二代财政分权理论都是为了解决政府财政失灵的问题，但是具有以下三点不同：一是假设不同，第一代分权理论的前提假设是政府忠于职守、行动无私，第二代分权理论认为第一代假设过于强烈，将政府设定为理性经济人；二是角度不同，第一代财政分权理论主要是论证保留地方政府财政权力的合理性和必要性，第二代分权理论将研究重点放在地方政府财政运行的自发性；三是重点不同，第一代分权理论认为中央政府对地方政府的转移支付是必要的，第二代分权理论强调效率对于财政行为的约束与激励作用。

总体看来，财政分权是目前世界各国普遍采用的模式，其既能优化社会福利、提高供给水平，又能稳定央地关系、形成良性互动，但如果财政分权出现扭曲变形，则会导致整个财政系统的崩溃和财政功能的丧失，因此对于财政分权的运用需要格外小心。对于财政分权程度的衡量主要有以下指标：地方财政收入与全国财政收入的比例、地方财政支出占全国财政支出的比例、地方政府预算收入自留比例、预算收入边际划分比例。但是由于各国体制和国情的不同，财政分权至今也没有形成一个普遍接受的理论范式。

第二节 系统性金融风险理论

引起系统性金融风险的因素来源广泛、成分复杂，学者们分别从不同的角度阐述了对系统性金融风险的理解，形成了不同的风险理论，其中主要有：债务风险理论、货币风险理论、脆弱性风险理论、传染性风险理论和预算软约束风险理论。

一 债务风险理论

Fisher 提出了著名的"债务导致通缩"理论，其认为债务水平和通货供给的变动会引起金融系统信用产生扩张和紧缩，这是经济危机的直接原因，也是经济周期理论的重要补充。[1] 简单来说，市场运转的自发性产生了非理性繁荣和非均衡发展，此时微观主体具有超额负债的倾向，而一旦经济进入衰退周期，市场主体的过度负债和资产市场的价格下跌形成了矛盾的倒逼机制，价格下跌导致衰退期的实际债务水平提高，压垮了扩张期过度负债的债务人，二者之间螺旋上升的反馈机制加速了衰退速度从而演变成经济危机。

"债务—通缩"的具体风险演化路径是：投资者为了提高利润水平不断增加投资，投资增加带动产出增长，从而引发更多增加杠杆的操作，其中也不乏投机行为，银行贷款是其融资的主要途径，投

---

[1] Fisher I., "The Debt-deflation Theory of Great Depressions", *Econometrica*, 1 (4), 1933: 337 - 357.

资者将从银行获取的贷款投入生产或者变成存款，大大增加的市场中的货币供给，促进人民增加投资和消费，提高了货币的流通速度，使经济出现繁荣，此时的通货膨胀不断稀释未清偿债务，缓解了企业的贷款压力，给了企业一种杠杆越大利润越大的错觉，慢慢跨过了过度负债的临界点，渐渐出现企业无法偿还到期债务的现象，违约破产情况不断加剧，经济危机爆发。

在此基础之上，Tobin又给"债务—通胀"理论增加了一个关键步骤，当最先超过债务风险阈值的企业出现违约情况后，银行为了自身资产负债表的平衡不得不通过提高利率并缩紧银根的方式规避危险，这种行为进一步切断了企业的资金来源，降低了企业的生产速度和资金回笼能力，使得脆弱的金融体系加速崩溃。[①]

二 货币风险理论

Keynes在《就业、利息和货币通论》中提供了金融风险产生的一种货币引发途径，他指出货币的供给和需求决定货币的数量，货币的供给是内生的，反映了银行对市场景气的判断和企业对未来利润的预期；而货币需求是外生的，是由企业所获得的总利润决定。货币数量的增加可能有以下三种动机：一是填补投融资需求，这一动机被称为交易动机；二是增加资本存货，这种动机被称为谨慎动机；三是衍生金融资产，这类动机是投机动机。前两者的货币需求弹性小，不会引发货币的巨幅变化，而投机动机的需求弹性大，充斥着不与增长挂钩的资产泡沫，这种投资的不稳定增长打破了原有的理性货币供需之间的平衡，导致有效需求不足。[②]

货币传导的风险演化路径为：真实资产和金融资产估价方式受到市场乐观和悲观情绪的左右，直接反映在投资总量的变化上，投

---

① Tobin J., "Money and Finance in the Macroeconomic Process", *Journal of Money Credit & Banking*, 14 (14), 1981: 171-204.
② Keynes J. M., "The General Theory of Employment, Interest and Money", *Limnology & Oceanography*, 12 (1-2), 1936: 28-36.

资通过支出乘数影响产出和就业，从而影响货币需求总量，最终导致货币需求量与实际产出量之间出现差异，有效需求不足，诱发金融危机发生。

货币学派的代表人物 Friedman 和 Schwartz 也提出过货币传导的另一种解释。其认为金融危机产生的必要原因是货币超额供给，而超额供给是一个积累的结果，是货币政策失误引发的。他们对经济复苏时期的货币政策进行了广泛深入的研究，发现货币政策具有长期且不断变化的效用时滞，原本为了解决危机而设计的反周期和相机抉择操作通常会产生严重的后遗症，长期来看不仅不能起到稳定经济的作用，反而成为经济波动的根源。[①] 因此，货币主义认为货币政策的不稳定才是引发金融风险的罪魁祸首，而稳定的货币政策又无法显示当局者的"才能"，二者之间的矛盾导致金融危机的反复爆发。

马克思也认为货币风险是金融风险的重要来源，他指出货币是一般等价物，具有交换价值，普通商品具有使用价值，使用价值需要交换价值来实现，因此货币也就具备了计价货币和实体货币的双重身份，这种内在的矛盾产生了金融的不稳定性。在普通商品转化为有所增值的货币资本时，可能出现外生冲击导致资本断流或者进程延缓的现象，引发经济危机。[②]

三 脆弱性风险理论

马克思最早提出了金融体系的内在脆弱性理论，其在《资本论》中构建了金融危机理论，理论基础是劳动价值论和商品价值论，理论前提是资本主义市场经济体系中内生的不稳定性，马克思指出金融市场的不稳定导致社会资本向私人资本转变的过程加速，金融体

[①] Friedman M., Schwartz A. J., *A Monetary History of the United States*, Princeton University Press, 2008.

[②] 马克思:《资本论》，上海三联书店 2009 年版。

系开始脱离实体经济运行,商品的价格脱离其内在货币价值,资本家的逐利性以及虚拟资本的膨胀给信用崩塌提供了条件,最终导致金融体系出现危机。

Minsky 从金融自身的稳定性视角提出了一种新的风险理论——投资融资理论,其认为企业为了扩大利润而进行融资是不稳定性的主要来源,经济周期的产生就是金融本质特性的反映。[1] 因此 Minsky 在 1982 年正式提出了"金融脆弱性"假说,这一假说是根据权益与债务的关系对相应的融资行为进行分类,把金融市场中的微观主体分为三种类别:对冲性融资者、投机性融资者和旁氏融资者。对冲性融资是指预期利润能够覆盖其融资本金和利息,这类融资一般风险较小,可持续性较强;投机性融资是指预期利润仅能覆盖其融资利息,这种融资的目的通常是以高杠杆撬动大资本,最终将外化资本内化,但这个过程很容易产生债务期限错配风险;旁氏融资是指预期利润无法为债务偿还提供任何保障,只能依靠不断的融资来补偿资金漏洞,是金融市场中最具有冲击性的因素。[2] 在不同的经济发展阶段,各类投资者的比例会随之发生变化。当市场中旁氏融资者和投机性融资者比例过高时,金融体系的风险性加大。

金融脆弱性风险的演化机制是:经济不断发展提高了资本充足率和人民生活水平,二者共同作用增加了市场满足人民需求的能力,总需求的提升带来更大的利润,使得生产资本获得高额收益,企业不断扩大投资,此时生产资本的收益率开始下降,投资热情却依然高涨,只能流向金融资本领域,导致短期内金融资本收益率超过生产资本收益率,市场中投机性融资者和旁氏融资者比例提高,金融体系脆弱性开始显现,直到金融机构无力掩盖自身真实的债务状况,此时市场流动性已经接近枯竭,危机时刻到来。需要说明的是,危

---

[1] Minsky, Hyman P., "Financial Resources in a Fragile Financial Environment", *Challenge*, (18.3), 1975: 6–13.

[2] Minsky, Hyman P., "The Financial-instability Hypothesis: Capitalist Processes and the Behavior of the Economy", 1982.

机产生的力度和长度与政府财政能力和干预程度有关，因此国家的宏观审慎政策是影响危机爆发的重要因素。

但 Minsky 指出虽然政府可以对市场非均衡状态进行调整，但是这种调整需要一个过程，不会一蹴而就，而且即使达到新的平衡也很快就会被打破，其认为唯一可以避免金融风险的方式就是达到一种平静时期，这个时期的特征是金融体系健全、金融创新停止。此时市场主体的融资需求理性，不会出现投机和旁氏的融资方式。

四 传染性风险理论

Diamond 较早提出了金融传染风险理论，其认为金融体系内的单一银行出现挤兑将很快传递给其他金融机构，进而通过两种途径在整个金融体系传导：一是金融体系内错综复杂的资产负债表渠道，由于共同的交易平台和支付体系，银行间市场和金融证券市场存在密切的业务往来；二是信息不对称导致的逆向选择，存款人有低估银行等金融机构实力的倾向，在风险来临时又无法获知是系统性风险还是异质性风险，在挤兑时期往往会出现跟风的现象。[①] 两种途径共同作用导致风险在金融系统内快速传播，进一步打击市场预期和投资者信心，导致系统性金融风险全面爆发。另外，挤兑还可能演变成流动性风险。在金融体系良好运转时，银行间同业拆借市场是整个银行业保持健康流动性的稳定器，但如果出现风险，银行间同业拆借市场就成为风险传导渠道。[②] Berger 和 Udell 对系统重要性银行的风险资产进行分析发现，如果银行出现挤兑危机，为了保证资产负债表的平衡就会短时间内出售大量风险资产，这种行为会导致

[①] Diamond, Douglas W., Philip H. Dybvig, "Bank Runs, Deposit Insurance, and Liquidity.", *Journal of Political Economy*, (91.3), 1983: 401 – 419.

[②] Rochet J. C., Tirole J., "Interbank Lending and Systemic Risk", *Journal of Money Credit & Banking*, 28 (4), 1996: 733 – 762.

金融市场中的资产价格出现大幅跳水,从而引发大规模的抛售行为。①

除了非理性挤兑造成的金融传染性风险之外,还有很多学者从其他领域对传染性风险理论进行了研究,主要集中在信息不对称、多重均衡和支付渠道三个角度。在信息不对称蕴藏风险观点中,理性预期学派的支持者 Kodres 和 Pritsker 对金融风险的溢出机制进行分析,结果表明信息不对称程度越高、实体经济部门间联动性越强,则金融风险通过资产价格渠道溢出的效果越明显。② 在多重均衡蕴藏风险观点中,由于金融体系内部存在不止一种的平衡状态,因此风险程度稍有改变就会引起均衡状态的破坏,导致形成新的均衡,在这个过程中金融机构的异质性风险就会在系统中传播扩散,Borio 和 Zhu 通过将内生不稳定性加入 DSGE 模型进行分析,准确地找到了流动性风险和资产价格波动对于金融体系的反应路径和反馈机制,发现了风险在系统内的传导是由于均衡状态的不稳定性引起的。在支付渠道蕴藏风险的观点中,支付结算系统是银行和证券市场的交易技术基础,因此天然地为风险的传导提供了渠道。③ Shin 在研究中证明了金融风险通过支付渠道在金融机构的资产负债表和资产价格定价领域传播。④

---

① Berger, Allen N., Gregory F. Udell, "The Economics of Small Business Finance: The Roles of Private Equity and debt Markets in the Financial Growth Cycle", *Journal of Banking & Finance*, (22.6 – 8), 1998: 613 – 673.

② Kodres L. E., Pritsker M., "A Rational Expectations Model of Financial Contagion", *Journal of Finance*, 57 (2), 2002: 769 – 799.

③ Borio, Claudio, Haibin Zhu, "Capital Regulation, Risk-taking and Monetary Policy: A Missing Link in the Transmission Mechanism?", *Journal of Financial Stability*, (8.4), 2012: 236 – 251.

④ Shin, Hyun Song, "Risk and Liquidity in a System Context", *Journal of Financial Intermediation*, 17 (3), 2008: 315 – 329.

五 预算软约束风险理论

Kornai 指出政企之间存在纷繁复杂的政治经济联系，政府会对亏损的国有企业进行救助，并将政府这种行为模式称为"父爱主义"。这种现象导致企业产生了"成本外部化"的倾向，从而选择投资风险高、回报大的项目，而当投资总量远超于社会需求量时，风险投资过高就会引发金融泡沫膨胀的危险。Kornai 将这种模式称为预算软约束模式。其中预算软约束体是指国有企业这类可以获得外部救助的市场主体；预算软支持体是指政府中的财政部门或者中央银行这类为预算软约束体提供支持的组织。产生预算软约束的动因有：政府的父爱主义使其对陷入困境的国有企业承担救助责任；官僚体系为维护体系运转而对下级组织进行救援；银行体系为维护自身经济利益对困境企业提供信贷支持。①

Kornai 根据约束体的特征将预算软约束分为五类：企业预算软约束、金融机构预算软约束、非营利机构预算软约束、地方政府预算软约束和国际预算软约束。而金融机构预算软约束是系统性金融风险发生的根本原因，上文所描述的脆弱性风险理论和传染性风险理论都是预算软约束造成的。当国有金融机构的体量很大时，发生挤兑会引发巨大的社会风险，此时金融机构就坚信，一旦出现风险，政府出于社会责任和自身利益都不会坐视不管，这种观念使得经营过程中出现道德风险，金融机构在一定会得到救助的预期下，只顾利润，不管风险，投资于高风险的项目，开展机会主义经营模式，降低了整个金融体系的稳定性。②

---

① Kornai J., "The Soft Budget Constraint", *Kyklos*, 39 (1), 2010: 3–30.
② Kornai J., "The Soft Budget Constraint", *Kyklos*, 39 (1), 2010: 3–30.

第三节 风险管理理论

人类社会自诞生之日起就存在风险，风险是人类发展进步的重要阻碍，因此人类一直在寻找遏制风险和管理风险的方法，随着科学技术和生产力的不断发展进步，也逐步在与风险的对抗中形成了风险管理理论，并不断发展完善。

一 理论发展历程

国外的风险管理理论开始时间较早，比较公认的说法是诞生于 20 世纪初期的西方工业化国家，发展历程经历过理论思想启蒙、理论体系形成和理论补充完善三个阶段。

1. 理论思想启蒙

1816 年的法国正处于产业革命时期，Fayol 在其专著《综合工业管理》中首次在企业经营管理体系中引入风险管理思想。[①] 19 世纪末 20 世纪初，随着工业革命的兴起，企业风险管理作为风险管理的先驱开始萌芽。1906 年，美国钢铁公司在经历了多次生产事故后率先提出"安全第一"的思想，这一思想传播很快，1913 年和 1917 年全美工业安全协会和英国第一安全协会分别在芝加哥和伦敦成立，标志着工业化国家企业风险管理开始起步。20 世纪 20 年代末的全球经济危机给世界各国的经济带来了前所未有的打击，促使人们开始思考如何减少风险事件发生的可能性。

2. 理论体系形成

20 世纪 50 年代后，企业开始广泛采用风险管理理念，学界也开始对风险管理进行学术研究，风险管理逐步形成了相对独立的理论框架，由多个分学科逐渐统一起来，1956 年 Gallagher 在其论文中第

---

① Fayol, Henri, *General and Industrial Management*, Ravenio Books, 2016.

一次使用"风险管理"一词①,之后几年有很多学者开始专门针对风险管理的方法进行研究,大大拓宽了风险管理的视域。1960 年美国保险管理协会(前身为美国保险购买者协会)和亚普沙那大学共同开设了风险管理课程。1962 年美国管理协会组织撰写了专著《风险管理的兴起》,1963 年 Mehr 和 Hedges 共同撰写的《企业风险管理》在《美国保险手册》上印发②,次年 Williams 和 Heins 撰写出版了《风险管理与保险》③,这一系列著作的产生标志着风险管理成了一门独立的学科正式进入专业研究阶段。

到了 20 世纪 70 年代,很多大学在管理学院或保险学院专门开设风险管理课程,传统的保险专业此时被更名为风险管理与保险专业。与此同时,业界也开始出现专门的风险管理咨询公司,很多保险经纪人开始涉及风险管理服务,随之而来的是风险管理在欧洲、亚洲和拉丁美洲等地区广泛使用。1970 年联邦德国和法国引入了美国的风险管理理论,并在 1973 年时主张建立了欧洲风险管理合作组织——日内瓦协会。1978 年日本成立了日本风险管理学会,这是亚洲地区首个以国家名义成立的风险管理组织。到了 20 世纪 80 年代,率先发展的工业国家对于风险管理的研究已经非常活跃,1980 年,总部设在美国华盛顿的风险分析协会宣布成立,并陆续在欧洲和日本成立分部。1983 年,风险与保险管理协会在美国召开年会,会上通过的"101 风险管理准则"成为首个具有全球影响力的风险管理规范准则。风险管理开始逐步向区域化和全球化方向迈进,1986 年,欧洲成立了包含 11 个会员国的欧洲风险研究会,同年英国成立了工商企业风险管理保护协会,10 月在新加坡举办的风险管理国际

---

① Gallagher, Russell B., "Risk Management——New Phase of Cost Control", *Harvard Business Review*, 34 (5), 1956: 75-86.

② Mehr R. I., Hedges B. A., "New Perspectives on Risk Management: Further Comment", *Journal of Risk & Insurance*, 35 (4), 1968: 615-623.

③ Williams, Chester Arthur, Richard M. Heins, *Risk Management and Insurance*, McGraw-Hill Companies, 1964.

学术研讨会将风险管理运动定义为全球性运动。1987年，联合国印发了风险管理调查报告并开始主张在发展中国家推广使用风险管理理论，这标志着风险管理从发达国家自有理论到全球理论的转变。

在理论形成阶段，风险管理理论的理论框架和实施方法逐步完善，成为世界范围内商业管理的重要内容，研究领域从自然风险、生产风险等传统风险扩大到技术风险、经济风险、健康风险和社会风险等复杂化风险领域，研究方法也在定性研究的基础上不断科学化、模型化、数字化，开始模拟并计算风险产生的概率。

3. 理论补充完善

20世纪90年代后，风险管理研究开始进入快速发展期，无论是国际组织还是各国当局纷纷将风险管理提到新的战略高度，关于风险管理的报告层出不穷，在原有框架上进行了非常有效的补充，各种先进的研究方法均被引入风险管理研究当中。1991年Haimes首先提出了全面风险管理的概念。[1] 1992年Simister对英国项目管理者协会的项目进行分析，发现风险管理技术主要有决策树、CIM模型、多目标决策模型、模糊数学、敏感性分析、效用理论等。[2] 1996年澳大利亚和新西兰联合成立标准技术委员会，通过了企业风险管理标准，这是全球首个企业风险管理准则。1996年全球风险管理协会成立，2003年国际风险治理理事会成立，风险管理成为世界各国展开政府合作的重要方向。

经历了20世纪90年代到21世纪初的快速发展阶段，现代风险管理理论框架逐渐成熟，全面风险管理逐步成为学术界的主流思想。1999年《巴塞尔新资本协议》将外生的市场风险和内生的操作风险一并纳入资本风险管理的范围，其中蕴藏了全面风险管理最初的理

---

[1] Haimes Y. Y., "Total Risk Management", *Risk Analysis*, 11 (2), 1991: 169 – 171.

[2] Simister T., "Risk Management: The Need to Set Standards", *Balance Sheet*, 8 (4), 2000: 9 – 10.

念。2004年美国投资者组织委员会发布了《企业管理统筹框架》，其中详细地对世界范围内的风险管理体系、范围、过程和方法进行梳理，并给出了具有普适性的全面风险管理定义。2006年的国际风险管理会议的议题是"全面风险管理与企业实践的有机结合"，这标志着全面风险管理由理论层面向实践层面的演进。

从目前的风险管理理论发展方向来看，其未来必然会在全面风险管理的基础上继续拓宽管理领域，研究重点将不再仅限于现有的风险因素，而会将多种新型风险纳入防范框架，这给风险管理提出多元化、全局化和综合化的更高要求。

二 风险管理流程

历史上众多学者都对风险管理的流程进行过研究，其中达成广泛共识的四个主要步骤有：风险识别、风险衡量、风险控制和效果评价。

1. 风险识别

风险识别是风险管理的第一个步骤，是风险管理取得成功的基础。如果风险识别出现问题则后续操作就无法开展，风险可能与研究对象之间存在错综复杂的关系，因此风险识别是一项复杂的系统工程。在风险识别中比较常用的方法有风险询问法、制作流程图法、成本收益分析法和外部环境法。在实际操作中往往是多种方式配合使用。风险询问法是指在固定的风险发生范围内，采取问卷调查和口头问询的方式获取可能蕴藏风险因素的信息，通过对回收信息的分析和处理找到风险潜藏点，是一种借助外界力量发现风险的方式。制作流程图法是将事物发展过程用流程图的形式展现出来，清晰明了地看清风险可能蕴藏或传导的每一个具体步骤以及可能爆发的端点。成本收益分析法，凡是涉及经济利益的项目其风险必然会与成本收益息息相关，这种风险识别方法是将识别的重点放在成本与收益这两个决定项目成败的重点上，通过比较分析和预测分析找到风险蕴藏之处。环境分析法，这个方法旨在识别来自系统之外的风险，有些事物成败往往不是由内生因素决定的，其受到来自外界因素的影响很大，这些因素可能包括自然因素、政治因素和经济因素等。

2. 风险衡量

风险衡量是风险管理的第二步，是对风险发生的概率和可能造成的损失程度进行测量。多数风险衡量属于定量研究，需要借助经验分析手段对风险因素和或有损失进行评估，评估的结果会成为风险处理的重要依据。一般情况下风险衡量分为以下三个步骤：首先，全面了解调查风险识别过程中找到的风险点；其次，将调查的数据通过经验研究的方法进行测算，并给出不同条件下的测算结果；最后，对于测算结果进行分析并对不同风险项目进行排序。目前风险衡量的主要问题在于两点：一是历史数据有限，受困于数据统计和保存能力的不足无法获取足够数量可供研究的数据；二是经验研究方法不成熟，正确的风险测算结果需要正确的经验研究方法，而大多数风险研究方法并没有得到广泛的认可和历史的检验。

3. 风险控制

风险控制是风险管理的第三步，是在识别和衡量基础上对风险采取的预防或补救措施。其中又可以按照风险控制的阶段特征分为三类：风险避免、损失控制和风险转移。第一种方式是风险避免，这种方式适用于那些风险程度高且难以转移的风险项，换句话来说，就是将来可能带来的风险收益显著低于风险损失的风险项，这种情况下风险控制的最佳方式就是直接回避、放弃这类项目，从源头避免了风险发生的可能性，但是在风险管理中这种情况一般不太常见，因为逐利性的存在使得大多数风险控制都是风险发生之后才开始的。第二种方式是损失控制，这类方式的目的是在风险发生时将其所带来的损失降低，分为事前预防和事后施救，事前预防是在预知风险可能爆发的领域提前设置预防装置，例如风险止损点或者风险防火墙，即使风险爆发也会被控制在局部范围之内而不会导致全局性的毁灭；事后施救属于被动的风险控制，需要在风险已经发生的短时间内作出正确的判断，将项目及时切割甚至牺牲一部分利益来保全更大的利益。第三种是风险转移，风险转移是风险控制中比较常见的方法。主要目的是降低自身的风险水平，主要方式是将风险的损害转嫁给外界或者他人。这种方式会在一定范围内将风险损失降低，但是却不会消除风险，因此必须有其他人来承担风险，随着经济社会的不断发展，保险业的诞生就是风险转移方式的最好写照，在经济领域还出现了担保和对冲等多种形式的风险转移机制，在很大程度上促进了风险控制理论的发展。

4. 效果评价

风险管理效果评价是风险管理的最后一项，是通过对风险管理过程的复盘找到风险识别、风险衡量和风险控制过程中需要提高和改善的方面，总结经验、吸取教训，在未来的风险管理操作中取得更好的效果。风险管理的效果评价可以基于多个方面，既可以是对风险管理结果的评价，这是最直观的方式；也可以是对风险管理影响因素进行评价，找到影响风险管理过程的外部因素和作用机制，从而在之后的风险管理中进行调节与控制；还可以是对风险发生规律进行总结，形成一套完善的风险管理效果评价体系，根据不同重要程度进行赋权，根据实际情况进行不断完善与调整。

上述四种风险管理程序是最为基本的流程，宏观层面或者微观层面的风险均可以使用，在遇到具体的风险管理案例时需具体问题具体分析，必要时可加入特异性的风险管理步骤来满足特殊的风险管理需要。例如，在遇到突发自然灾害风险或者特殊工程项目风险时，可以在风险控制之后增添一个风险处理方案来帮助更好地开展风险管理。另外，很多的宏观层面的社会经济风险可能表现出周期性风险特征，此时可以建立长期监测指标体系，将每一次风险发生的具体特征进行记录，方便未来的风险管理。

第 三 章

金融风险转化为地方财政风险的路径研究

分税制改革以后,地方政府的财权减小,而唯 GDP 论的发展评价方式却逐步兴起,导致地方政府寻求各种途径扩大自身的融资能力,与金融市场之间的关系开始变得密切,进一步激活了金融市场的资金配置能力,金融体系内部的风吹草动皆有可能对社会经济运行产生极大的影响,一旦出现金融风险,地方政府无论是基于公众利益还是自身需要都必然会出手相助,这就导致系统性金融风险向地方财政风险的转化。

第一节 金融风险财政化的数理模型推导

本书第二章第二节对系统性金融风险的理论进行了整理阐释,发现金融系统可以通过多种途径产生金融风险,而金融在经济发展中扮演的角色也越发重要,金融风险会通过多种渠道传导至其他领域,其中,地方政府作为地方经济发展的主要责任主体常常会受到金融风险的冲击与影响,金融机构的不良资产可能会转化或沉淀为地方财政的或有负债。目前,政府在帮助金融领域化解风险时,采用了追加注资、冲销呆账、财政补贴、减免税费或直接剥离等多种方式，近年来还出台了债转股和中央银行再贷款等多种政策手段帮助金融企业渡过难关，但是这些方式都不能从根本上化解金融风险，反而使金融机构产生了"政府兜底"的思想，从而为获取超额利润不断进入高风险领域。在这样的背景下，本书设计了一种基于委托代理理论的金融风险财政化传导机制，找到金融风险传导至财政领域的具体途径和方式，为后文进行金融财政交互风险的研究打好理论基础。

一　数理模型假设

本书根据我国地方政府与金融机构的运行模式，设计了金融风险财政化的数理模型，基本假设有三点。

1. 金融机构无法承担无限清偿责任

金融机构是资本流向的最终决策人，当经济平稳运行时，金融机构获得巨大收益，补充了初始资本量，却也助长了增加杠杆的冲动，而地方政府为了加快经济发展速度，对金融扩张行为也任由发展、疏于监管，一旦风险发生，高杠杆带来严重的资不抵债，金融机构无法按照预先承诺进行清偿，部分系统重要性金融机构清算破产的危害特别巨大，逼迫政府只好通过注资、收购的方式代为清偿。

2. 地方财政实际承担部分金融风险

我国市场经济开始时间较晚，尚未建立起全面的存款保险制度，对金融特异性风险可能引发的挤兑和动荡并没有妥善的处置方式。与此同时，作为发展中国家，我国与发达国家相比金融体系尚不健全，而现代经济社会的发展又对金融在资源调配方面提出了更高的要求，导致我国金融体系在发展过程中积累了大量风险。这些可能对地方经济造成影响的潜在风险在很大程度上都需要地方政府通过行政力量解决，实质上是地方财政在帮助分担金融风险。

3. 金融财政达成激励相容平衡机制

我国地方政府与金融机构有一种特殊的相处模式。在金融风险出现时,地方政府动用财政能力帮助金融机构渡过难关,造成大量或有负债,挤占大量财政资源。因此,在经济运行良好时,地方政府就会要求金融机构给予一定的回报。例如,在担保程序不严的情况下,将贷款发放给政府融资平台,或者以明显低于市场水平的利率成交政府债券等。这实际上就相当于金融机构与地方政府共同建立了一项风险基金,当金融机构盈利时,按照一定比例对地方政府进行支付,而亏损时地方政府则会帮助弥补损失,二者在市场运行中找到一种合适的风险分担比例。

二 数理模型建立

基于上小节中的假设,本节将在委托代理的框架下对于金融风险财政化进行分析与设计。在经济学的定义中,委托代理关系非常普遍,只要经济行为发生过程中存在信息不对称就存在委托代理,具有信息优势的一方就可以被当作代理人,信息劣势的一方就是委托人。在地方政府和金融机构的委托代理模型中,金融机构掌握具体资本的流向和实际项目的风险,具有信息优势,因此金融机构为代理人,政府部门是委托人。现对模型的设计进行如下说明:

政府的收入分为税收收入和风险收入,绝对风险规避系数为ρ_1,政府收入为x_1,因此地方政府的效用函数为:

$$\mu_1 = -e^{-\rho_1 x_1} \quad (3-1)$$

金融机构的收入为市场收入减去税收支出和风险支出之后的余额,其绝对风险规避系数为ρ_2,收入为x_2,因此金融机构的效用函数为:

$$\mu_2 = -e^{-\rho_2 x_2} \quad (3-2)$$

设金融行业的所得税税率为τ,风险基金的缴费比例为φ,在这种情形下,当金融机构获得收益为B时,需要缴纳的税收为$B\tau$,需要付出的风险基金为$B\varphi$;同理当金融机构发生风险损失为L时,

《中华人民共和国企业所得税法》规定不但免交本年度的企业所得税，而且还可以在日后的盈利中减免风险损失部分的缴税，因此金融机构在损失年份可以获得补税 $L\tau$，同时政府还需要按照 φ 帮助金融机构分摊风险损失，因此政府风险损失为 $L\varphi$。

在初始状态下金融机构所持有的资本金为 C，投资项目的风险程度为 r，由于信息不对称，只有金融机构掌握 r 的实际水平，投资项目的盈利能力为 g。在市场经济环境下，风险程度与盈利能力成正比，因此设定 $g = k_1 r + \varepsilon$，其中 k_1 为风险对收益的贡献值，ε 是均值为 0、标准差为 σ 的正态分布残差项，σ 是风险程度 r 的增函数，其表达式为 $\sigma = r\sigma_1$，σ_1 为单位风险标准差。

在地方政府与金融机构的委托代理关系中，金融机构可以决定的变量为 r，地方政府可以选择的变量为 φ，通过 Mirrlees 提出的分布函数参数化方法[①]，建立如下模型：

$$\begin{cases} \int_{-\infty}^{+\infty} - e^{-\rho_1 C(k_1 r + \varepsilon)(\tau + \varphi)} \frac{1}{\sqrt{2}\sigma} e^{-\frac{\varepsilon^2}{2\sigma^2}} d\varepsilon & (3-3) \\ s.t. \int_{-\infty}^{+\infty} - e^{-\rho_2 C(k_1 r + \varepsilon)(1-\tau-\varphi)} \frac{1}{\sqrt{2}\sigma} e^{-\frac{\varepsilon^2}{2\sigma^2}} d\varepsilon \geq \mu & (3-4) \\ \int_{-\infty}^{+\infty} - e^{-\rho_2 C(k_1 r + \varepsilon)(1-\tau-\varphi)} \frac{1}{\sqrt{2}\sigma} e^{-\frac{\varepsilon^2}{2\sigma^2}} d\varepsilon \geq \\ \int_{-\infty}^{+\infty} - e^{-\rho_2 C(k_1 r_0 + \varepsilon)(1-\tau-\varphi)} \frac{1}{\sqrt{2}\sigma} e^{-\frac{\varepsilon^2}{2\sigma^2}} d\varepsilon (\forall r \in R) & (3-5) \end{cases}$$

在有限制的目标函数最大化求解模型中，式（3-3）是地方政府的效用函数，税率存在黏性的前提下，其可以通过选择不同的 φ 来最大化自身的期望效用；式（3-4）是地方政府在求解最大化中的约束条件，其中 μ 是指金融机构所能接受的效用最低值；式

[①] Mirrlees, James A., "The Optimal Structure of Incentives and Authority Within an Organization", *The Bell Journal of Economics*, 1976: 105 – 131.

(3-5)是金融机构满足 μ 时的限制条件，r 是其可以接受的最低风险程度。

三　数理模型求解

根据积分函数的变换性质，模型中的式（3-3）可以变形为：

$$-e^{-\rho_1[Ck_1r(\tau+\varphi)-0.25\sigma_1^2\rho_1C^2(\tau+\varphi)^2]} \tag{3-6}$$

同理，式（3-4）可以变换为：

$$-e^{-\rho_2[Ck_1r(1-\tau-\varphi)-0.25\sigma_1^2\rho_2C^2(1-\tau-\varphi)^2]} \geq \mu \tag{3-7}$$

此时，地方政府的确定性等价为：

$$Ck_1r(\tau+\varphi)-0.25\sigma_1^2\rho_1C^2(\tau+\varphi)^2 \tag{3-8}$$

与此同时，金融机构的确定性等价为：

$$Ck_1r(1-\tau-\varphi)-0.25\sigma_1^2\rho_2C^2(1-\tau-\varphi)^2 \tag{3-9}$$

确定性等价是期望收益扣除风险成本后的金额，其中式（3-8）和式（3-9）的前项分别为地方政府和金融机构的期望收益，后项分别为二者的风险成本。在地方政府效用最大化求解的约束条件中，金融机构的效用最低值是零风险效用，此时金融机构将全部资本金都用于购买国债或者存放在中央银行，无风险投资的收益率可视为0。此时约束条件为：

$$Ck_1r(1-\tau-\varphi)-0.25\sigma_1^2\rho_2C^2(1-\tau-\varphi)^2 \geq 0 \tag{3-10}$$

通过移项可以得到：

$$r \leq \frac{4k_1}{\sigma_1^2\rho_2C(1-\tau-\varphi)} \tag{3-11}$$

在式（3-9）中金融机构希望找到最佳风险程度来获得最大的确定性等价。对风险程度 r 求一阶导数，当其为0时取得最大值，可以获得金融机构与地方政府激励相容的表达式：

$$r = \frac{k_1}{\sigma_1^2\rho_2C(1-\tau-\varphi)} \tag{3-12}$$

由此式（3-3）、式（3-4）、式（3-5）给出的地方政府效用最大化模型等价于下面的简化模型：

$$\begin{cases} \max_{\varphi} C k_1 r(\tau+\varphi) - 0.25 \sigma_1^2 \rho_1 C^2 (\tau+\varphi)^2 & (3-13) \\ s.t.\ r \leqslant \dfrac{4 k_1}{\sigma_1^2 \rho_2 C(1-\tau-\varphi)} & (3-14) \\ r = \dfrac{k_1}{\sigma_1^2 \rho_2 C(1-\tau-\varphi)} & (3-15) \end{cases}$$

通过比较式（3-14）和式（3-15）两个约束条件可以发现，当金融机构选择的风险程度满足式（3-15）时，其必然满足式（3-14），因此在约束中剔除式（3-14），将式（3-15）代入式（3-13），可以得到目标函数为：

$$\frac{k_1^2(\tau+\varphi)}{\sigma_1^2 \rho_2(1-\tau-\varphi)} - 0.25 \sigma_1^2 \rho_1 C^2 (\tau+\varphi)^2 \quad (3-16)$$

对式（3-16）关于 φ 求一阶导数，令其为 0，求得风险分担比例为：

$$\varphi^* = \frac{\rho_2}{\rho_1+\rho_2} - \tau \quad (3-17)$$

将式（3-17）代入式（3-15）可以得到金融市场最优风险程度为：

$$r^* = \frac{k_1(\rho_1+\rho_2)}{C \sigma_1^2 \rho_1 \rho_2} \quad (3-18)$$

将式（3-17）和式（3-18）分别代入式（3-8）和式（3-9），可以得到地方政府确定性等价为：

$$\frac{k_1^2}{2 \sigma_1^2 \rho_1} \quad (3-19)$$

金融机构的确定性等价为：

$$\frac{k_1^2}{2 \sigma_1^2 \rho_2} \quad (3-20)$$

可以发现地方政府与金融机构的确定性等价只与风险收益系数

（k_1）、风险分散程度（σ_1）和各自的绝对风险规避系数（ρ_1、ρ_2）有关，而二者的区别也仅体现在风险规避系数上，风险规避系数大的一方获得确定性等价小，这意味着地方政府和金融机构谁更能忍受风险，谁获得的经济收益就越大。在地方政府选择的风险承担比例 φ 上体现得也很明显，φ 与三个变量有关，绝对风险规避系数 ρ_1、ρ_2 和地方政府要求的所得税率 τ，与金融机构的绝对风险规避系数 ρ_2 正相关，也就是说金融机构越害怕风险，则需要向政府交纳的盈利比例越高；与地方政府的绝对风险规避系数 ρ_1 负相关，地方政府对风险越厌恶，其承担的金融风险分担义务越小；与金融机构所得税率 τ 负相关，税率越高则地方政府的风险分担越小。

与此同时，金融机构会根据自身情况选择最优的项目风险程度，与五个变量有关，分别为风险收益系数（k_1）、风险分散程度（σ_1）、地方政府绝对风险规避系数（ρ_1）、金融机构绝对风险规避系数（ρ_2）和金融机构初始资本金（C）。其中 k_1 与 r 正相关，即单位风险收益越大，则金融机构能接受的风险程度越大；C 与 r 负相关，即金融机构初始资本量越大则金融机构的风险程度越低；σ_1 与 r 负相关，即金融市场的风险分散程度越高则风险程度越低；ρ_1、ρ_2 与 r 负相关，即地方政府和金融机构的绝对风险规避系数越大则风险程度越低。

最终金融机构所引发的金融风险需要地方政府承担的部分是由风险分担比例和市场风险程度共同决定，根据 φ 和 r 的决定因素可以获知，金融风险引发的财政风险主要与 ρ_1、ρ_2、τ、k_1、σ_1 和 C 有关，其中 k_1 为正相关关系，ρ_1、τ、σ_1 和 C 为负相关关系，ρ_2 方向难以确定。

第二节 金融风险财政化传导路径的实证分析

通过数理模型推导，找到了可能造成金融风险财政化传导的影响因素，本节将这些影响因素与地方经济变量联系起来，代入计量模型进行检验，找出金融风险财政化的传导路径，为后文定性分析提供支持。

一 计量模型设计

上节分析了金融风险传导为财政风险的影响因素，本节根据这些影响因素设计了省际金融风险财政化的面板数据 logit 模型：

$$FFI_{it} = \alpha_i + \beta_1 FR_{it} + \beta_2 NLR_{it} + \beta_3 AL_{it} + \beta_4 CBR_{it} + \beta_5 IF_{it} + \beta_6 DV_{it} + \varepsilon_{it} \quad (3-21)$$

其中，i 代表不同省份（31 个省、自治区、直辖市），t 代表不同年度（2009—2017 年），α_i 代表常数项，ε_{it} 代表残差项，β_j 代表回归系数，其他各变量的经济学解释如下。

FFI 是金融风险财政化指数，用来衡量金融风险向财政风险传导的程度，若比本地区上一年度上涨则记为 1，下降则记为 0。其经济学解释为财政干预金融力度与金融发展水平之比，其中财政干预金融力度等于该地区金融监管支出与财政支出之比，金融发展水平采用 Goldsmith[1] 提出的金融相关比率，用广义货币 M2、股票市值、债券余额三者之和与国民生产总值之比来表示，最终金融风险财政化 τ 可以表示为[2]：

$$\tau = \frac{\left(\dfrac{金融监管支出}{财政支出}\right)}{\left(\dfrac{M2+股票市值+债券余额}{国民生产总值}\right)} \quad (3-22)$$

由此金融风险财政化指数 FFI 就可以表示成：

$$FFI = \begin{cases} 0, \tau_t < \tau_{t-1} \\ 1, \tau_t > \tau_{t-1} \end{cases} \quad (3-23)$$

---

[1] Goldsmith, Raymond W., "Financial Structure and Economic Growth in Advanced Countries: An Experiment in Comparative Financial Morphology", *Capital Formation and Economic Growth*, 1955: 112–167.

[2] 秦海林：《金融风险财政化、财政风险金融化与经济增长》，《上海金融》2010 年第 3 期。

需要特别说明的是，受到 2008 年国际金融危机的影响，我国 2009 年开始实施积极的财政政策，地方政府开始运用财政指挥金融的手段使经济尽快走出泥潭，因此 2009 年的金融风险财政化指数 FFI 统一设为 1。

二 数据来源及变量设定

以下是模型所涉及变量的经济学含义，除特别说明外所有原始数据均来自 EPS 中国宏观数据库（分省）、中国财政数据库（分省）和中国金融数据库（分省），采集自国家统计局提供的历年统计年鉴。

FR 代表财政体制改革程度，计算方式为财政预算内收入与财政预算外收入之比。其与 τ 密切相关，地方政府的预算内收入主要来自收税，而预算外收入主要来源于收费，因此 τ 客观上决定了财政预算内收入水平。在我国，除特定的税收减免政策外，各地区税制基本相同，因此可以将 τ 理解为名义税率，即以收税形式征收的税率，与其相对应的是实际税率，即税费之和与收入的比值，因此 τ 与 FR 变动方向一致，FR 越小，说明该地区的财政体制改革水平越低，制度安排越不规范。预期此变量对金融风险财政化影响为负。

NLR 代表金融机构的经营风险，是地区城市商业银行和农村商业银行不良贷款率的加权平均值，计算方法为单个商业银行贷款总额与不良贷款率的乘积求和，再与地区贷款总额做比。这个变量与金融机构的绝对风险规避系数 ρ_2 相关，金融机构的绝对风险规避系数越大，不良贷款率越低。因此 NLR 越高，表示该地区不良贷款率越高，越有可能爆发经营危机，财政就必须留足精力应对可能到来的风险，预期该变量系数为正。

AL 是地方政府干预贷款总额的对数值。包括科教文卫等公共事业的贷款和以财政收入和土地财政收入担保而产生的融资平台直接贷款总额。这个变量与风险分散程度 σ_1 和风险收益率 k_1 直接相关，如果没有政府干预，则市场以自发形成利率作为资金使用价格，此时出价高者率先获得资金，出价低者排序靠后，风险分散程度和风险收益率均取决于市场均衡出清的状态。当政府进行干预时，客观上扰乱了利率自发形成机制，导致资金在融资平台以较低利率大量成交，风险分散程度减少，风险收益率受到干扰，相当于地方政府强制金融机构越位承担财政职能，预期系数为正。

CBR 是中国人民银行在该地的再贷款金额和票据置换金额之和的对数值。这个变量代表政府的绝对风险规避系数 ρ_1，即政府对金融风险的厌恶程度，CBR 越小表明政府越不愿意承担金融风险，用政府资金再贷款或者票据置换的意愿越低。当 CBR 过大时，地方金融机构还款的压力变大，政府承担坏账的可能性变高，容易引发财政风险，预期系数为正。

IF 是问题网贷和非法集资金额之和的对数值。通过 phython 软件抓取了 2009—2017 年 9 年间中国经济新闻库中含有省份+问题网贷或非法集资的相关通报金额，这个变量与正规金融机构的资本规模 C 直接相关，金融市场的供给和需求都是有限的，问题网贷和非法集资均会大量揽储，很大程度上挤占正规金融机构的资金来源，从而影响其对金融市场的资本供给。除此之外，问题网贷和非法集资的资金链条断裂时极易引发区域性储蓄蒸发，造成严重的财政问题，综合两种原因，其预期系数为正。

DV 是一个虚拟变量，用来刻画 2009—2017 年两种财政政策的周期性特征。2009 年开始的"四万亿"经济刺激计划是以"信贷扩张+投资项目"为刺激重点，影响一直延续到 2013 年。2014 年开始，中国经济增速换挡，出口和房地产两大引擎哑火，叠加年初钱荒和债灾冲击，经济下行风险加剧。同时，《国务院关于加强地方政府性债务管理的意见》（国发〔2014〕43 号）和《中华人民共和国预算法》等财政改革条例颁布，规范了地方政府融资举债机制。2014 年 3 月，国务院会议首次提出"稳增长"，研究扩大小微企业所得税优惠，部署进一步发挥开发性金融对棚户区改造的支持作用，深化铁路投融资改革，吸取了刺激过猛难以消化的教训，2014 年之后的财政政策以定向资金投放为主要特征。本书以两轮不同风格的财政刺激政策作为区分点，设 2009—2013 年 5 年间的 DV 为 0，2014—2017 年 4 年间的 DV 为 1。

三 分析过程及结果释义

首先，对 31 个省（自治区、直辖市）的金融风险财政化指数进行描述，如图 3-1 所示，具有明显的波动趋势，说明地方政府经常性根据风险形势，改变对金融市场的干预和管制程度，将其选为因变量考察传导路径非常合理。

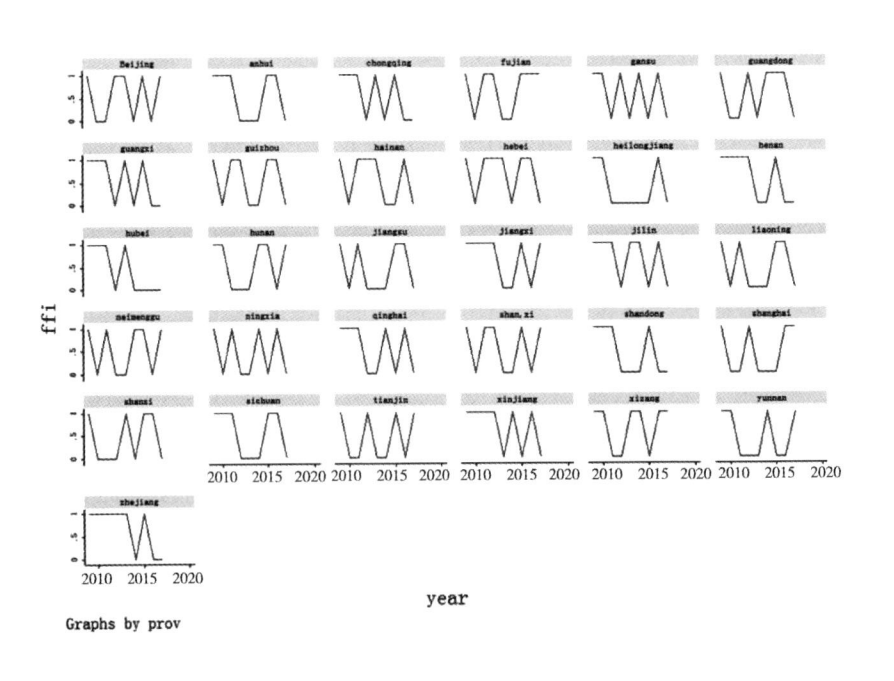

图 3-1 2009—2017 年 31 个省份金融风险财政化指数变化

其次，对 31 个省（自治区、直辖市）财政体制改革变量 FR 进行描述，如图 3-2 所示，横坐标代表年份，自左向右分别为 2009—2017 年；纵坐标代表省份，自左向右按照首字母顺序排列；立体坐标代表 FR。通过观察可以发现，从总体趋势来看，FR 在各省份呈现一种楔子形状,代表财政体制改革一直向好的发展趋势,但是可以明显地看出在 2014 年有明显的上升,这正是上文所述的"稳增长"周期,为引入政策虚拟变量提供了佐证。

最后,基于式(3-1)运用面板数据 probit 和 logit 模型的计量方法,得出如表 3-1 所示的结果,其中 probit 模型假设该数据格式属于标准正态分布,logit 模型假设属于逻辑分布,其中 DFR、DNLR、DAL、DCBR 分别为 FR、NLR、AL、CBR 与 DV 的交互项。观察二者计量结果可以发现,logit 模型的 R^2 更高,解释力度更强;比较 logit 模型的 5 列数据,发现 FR、NLR、AL 和 CBR 均比较显著,IF 不显著;在加入虚拟变量之后,变斜率模型比变截距模型更为有效,这些发现与前文的理论推断基本一致。

表 3-1 金融风险财政化模型的估计结果

解释变量	probit 模型	logit 模型 1	模型 2	模型 3	模型 4	模型 5
FR	-7.499**	-12.297**	-11.805*	-10.035***	-11.673*	-9.996*
NLR	0.225	0.358**	0.517**	0.471**	0.527**	0.478**
AL	0.169*	0.28*	0.423**	0.444**	0.433**	0.45**
CBR	-0.302	-0.506	-0.397	-0.495	-.498*	-.560**
IF	0.542**	0.991*	0.209**	0.141**	—	—
DFR	—	—	-12.29	-21.092**	-11.683	-20.594
DNLR	—	—	-1.608*	-1.151**	-1.593*	-1.153
DAL	—	—	0.137*	0.937*	0.135*	0.93*
DCBR	—	—	0.125	0.389	0.134	0.384
DV	—	—	2.263	—	2.188	—
α	-0.548**	-0.878***	-1.107**	-0.715***	-1.131**	-0.743**
统计效果							
R^2	0.384	0.498	0.532	0.568	0.473	0.492
Loglikelihood	-104.162	-104.344	-99.42	-100.277	-99.525	-100.327
Waldchi2 (5)	25.51	22.97	27.89	27.47	27.87	27.48
Prob > chi2	0.00001	0.0003	0.0019	0.0012	0.001	0.0006

注:*、** 和 *** 分别表示在 10%、5% 和 1% 的置信水平上回归系数具有统计显著性。

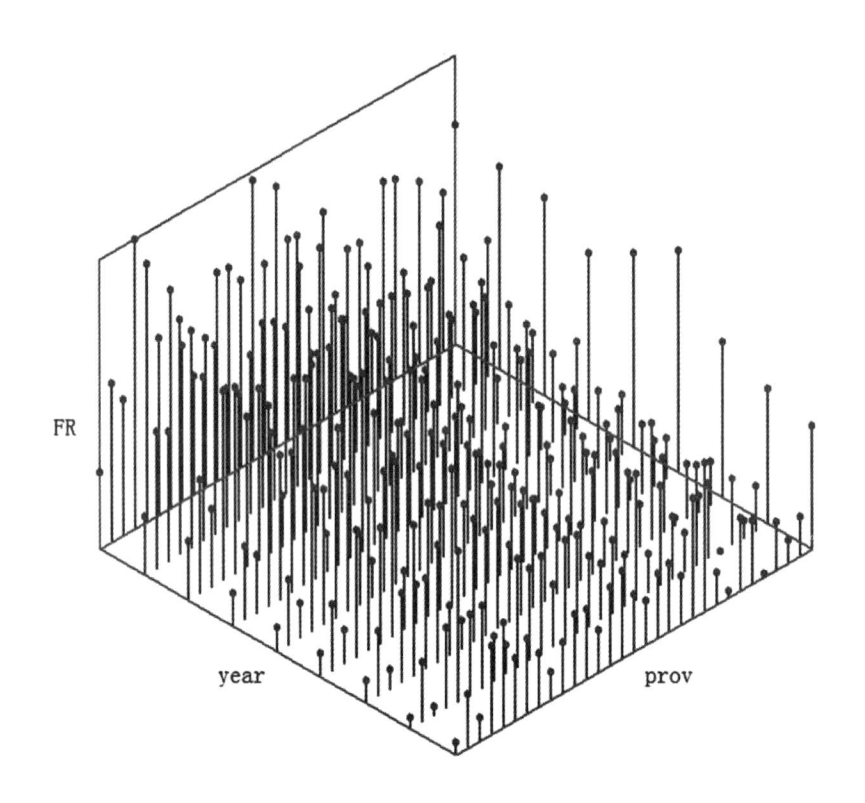

图 3-2 2009—2017 年 31 个省份财政体制改革系数变化

为集中阐释模型中每个变量所反映的经济学含义，选取 R^2 最高的模型 3 来解释每个变量对金融风险财政化指数的影响程度。

财政体制改革程度变量 FR 与 FFI 呈现显著负相关关系。一个地区财政体制越健全，政府依靠正常途径获取的财政收入就越充足，不需要过多借助分担风险的方式获取额外收入，从而减少金融风险财政化。2014 年财政重启扩张通道后，DFR 的系数变成原来的两倍，说明此时财政体制改革程度与金融风险财政化的关系更加密切，因为此时前期"四万亿"刺激计划的效用消失殆尽，地方政府获取的预算外收入减少，此时金融行业也陷入低谷，继续依靠风险基金补充收入的成本提高，政府对预算内收入的依存度增加。

城市商业银行和农村商业银行加权不良贷款率 NLR 与 FFI 呈现

显著正相关关系。在金融体系不健全、企业行为不规范的情况下，地区性商业银行不良贷款率不断上升，金融风险不断积累。面对这种情况，政府有两种手段进行处理：一是通过发行国债或者地方债，借助老百姓的储蓄资金资助银行；二是通过发行货币降低商业银行的准备金头寸。显然这两种手段均不是正常的财政政策工具，造成收入和财富在普通纳税人和商业银行之间的不平等划分，而这种划分所带来的政府负债和通货膨胀风险都要由政府承担。引入的虚拟变量交互项 DNLR 的系数改变了方向，与上文推导过程中金融机构绝对风险规避系数 ρ_2 的方向不能确定不谋而合，且其系数绝对值大于 NLR 系数，这是由于为避免过度刺激，2014 年之后的财政扩张政策没有出现大水漫灌的信贷完全放开，是以定向投资和政府隐形债务扩张为基础，在此过程中特别留意控制商业银行不良贷款率，保持合理谨慎的信贷区间。

地方政府干预贷款总额对数值 AL 与 FFI 呈现显著正相关关系。从地方政府角度来看，其已经习惯于通过行政干预手段获得金融支持，这种行为使银行脱离市场化运行轨道，政府的调控也陷入"面多加水，水多加面"的循环。根据公开数字统计，我国地方政府融资平台的融资中，有超过五分之四是通过银行信贷系统取得，这很大程度上降低了金融机构的风险分散程度。2020 年开始，平台融资陆续进入还款期，其中大部分处于政府担保状态，一旦项目失败，平台无法及时还款，政府陷入运用财政还款和制造不良贷款的两难境地之中，势必引发财政风险。从金融机构角度来看，其原本将利润最大化作为目标，在风险收益率上有严格的约束，而在政府部门的干预之下，金融机构变成了利润最大化和金融政策支持的双重目标，加剧了金融机构作为地方政府代理人的信息不对称性。在加入虚拟变量之后，情况更加恶化（0.937），2014 年之后，政府的财政扩张政策加强了地方政府对银行信贷的干预操作，客观上加剧了金融风险财政化。

央行再操作对数值 CBR 与 FFI 呈现负相关关系，这与理论预期不相符。主要有两点原因：一是数据可得性的限制，本节所使用再贷款数据为央行的支农再贷款数据，而非央行对国有大型商业银行的再贷款，这部分支农再贷款主要目的是提高农村信用社的贷款能力，不属于政策性贷款，旨在支持涉农信贷不能达到规定比例的信用社，经营风险依然由农户自担，不存在风险转移问题，而且这种措施降低了农户使用其他非法贷款渠道的可能性，因此对金融风险财政化指数起到负向作用；二是在中国人民银行的风险承担能力极强，地方金融机构所产生的暂时性流动性风险和不良贷款风险根本不构成威胁，通过票据置换，地方金融机构消除了短期内可能出现的不良贷款，获得了流动性资金，缓解了地方政府的偿债压力，从而降低了金融风险财政化的可能性。加入虚拟变量之后，央行再操作与 FFI 呈现正相关关系，但并不显著。

问题网贷和非法集资对数值 IF 与 FFI 呈现显著的正相关关系。通过上文分析，问题网贷和非法集资往往以高额的利率为诱饵进行吸储，破坏了正常的金融秩序，导致金融机构无法通过储蓄获取足够的可贷资本，造成金融机制失效，引发财政风险。

第三节　金融风险财政化的主要机理

本章第一节和第二节定量研究从数理的角度切入，并代入数据检验，得出了导致金融风险传导为财政风险的主要影响因素，本节希望通过定性研究对这些因素进行解剖，查明风险从金融领域传导至财政领域的具体机理。

一　金融机构经营风险传导

伴随着 21 世纪以来不断深入的利率市场化改革和相对宽松的监管环境，金融机构在地方政府的支持下涉足地方金融市场，大力发展资产管理业务，这在改善金融体系资金配置效率方面产生了积极影响，但与此同时，金融机构在经营管理和业务创新过程中产生的风险不断积聚，而地方政府作为地方国有金融机构的出资人，必然为金融风险承担兜底责任，从而导致金融风险传导为财政风险。

1. 金融财政间缺乏防火墙

出资人制度是资本管理体制的核心。目前地方金融机构对相关主体的权利义务和运行规则尚不明确，无法实现由"管资产"向"管资本"的转变，从而无法在金融和财政之间设置防火墙。具体来看有以下三点不足：第一，对地方金融机构的管理存在职责不清的问题。对地方金融企业的管理职权广泛分布于财政、国资、金融办等部门，遇到利益每个部门均想分一杯羹，而遇到难题则倾向于相互推诿，监管空白与监管交叉问题同时存在，企业作为经营主体需要适应不同监管者的要求和标准，经营自主权较低，在面临风险时习惯于向监管部门求助，进而传导风险。[①] 第二，地方金融企业的国有资本出资人存在职责边界不够明确的问题。地方金融机构股东大多为国资委、中央国有企业和地方政府，其在市场竞争中身兼裁判员与运动员甚至教练员的多重身份，公共管理责任和行业监管责任常常出现矛盾，身份重叠、职责错位现象导致风险在金融市场不断产生，并通过股东的多重身份从金融领域向财政领域传递。[②] 第三，地方金融机构的管理机制不符合市场化、法制化、专业化要求。地方政府作为金融机构出资人，并不能通过市场化手段在政府和企业之间设置授权经营关系，导致行政干预过多的现象时有发生。政府机关向金融机构派出董事、监事成为解决安排人员晋升的途径，部分人员缺乏基本的金融知识，使得金融机构内部权责划分混乱，不按市场规律经营的情况时有发生。

---

① 郭六生：《统一监管视角下地方金融监管权配置的路径选择》，《金融与经济》2017年第11期。

② 薛有志、马程程：《国企监督制度的困境摆脱与创新》，《改革》2018年第3期。

2. 绩效评价重利润轻风险

2016年6月，财政部出台了《金融企业绩效评价办法》，但在执行过程中仍存在部分问题：第一，速度规模类指标较多，质量效益类指标较少。地方金融企业重发展、轻合规，重利润、轻风险。很多金融企业不顾自身定位和服务对象，盲目追求全牌照和大规模，不仅不能提升资本配置效率，反而造成过度竞争的市场无序问题，在其他条件不变的情况下，需要政府分担的风险也水涨船高。[①]第二，惠及新兴产业和小微企业的政策配套不足。一方面，很多金融机构出于贷款规模和不良比率的考虑，对扶持新兴产业和小微企业存在恐贷情绪，造成二者贷款困难重重，从长远来看会造成地方政府预算内财政收入增长空间不足；另一方面，有些金融机构严格执行政策要求，不惜牺牲自身收益来配合地方政府，结果在只看速度规模的考评体系下出现资产结构失衡的金融风险，最终还是需要地方政府出手化解。

3. 扩大政府风险承担比例

金融机构利用自身信息不对称的代理人优势，通过多种手段留存应缴收入，客观上造成实际所得税税率减少，从而扩大了地方政府承担风险的比例。第一，金融机构转移应税收入客观上加剧了风险传递。[②]当前我国的金融税制主要是针对银行业和保险业，税种主要是营业税和所得税，银行业营业税的应税收入仅包括利息收入和费用收入，税率仅为5.5%，主要税收来自所得税收入，税率为33%，金融机构通过减少所得税收入来降低纳税额，实际上就是将政府的预算内收入转移到了预算外，是一种变相的寻租行为。第二，资本经营收益管理缺位导致风险传递。[③]在我国现行的财政体制下，

[①] 江涌：《当前中国经济安全态势》，《政治经济学评论》2018年第4期。

[②] 宋坤：《金融机构操作风险的度量及实证研究》，西南财经大学出版社2018年版。

[③] 何代欣：《结构性改革下的财税政策选择——大国转型中的供给与需求两端发力》，《经济学家》2016年第5期。

国有金融机构上缴的资本经营收益均属于财政预算中的非税收入项目,不纳入国有资本经营预算,而且不同金融机构上缴标准也没有明确规定,地方金融机构可以通过多种途径截流经营收益,损害了国有资本经营预算的完整性,客观上导致地方政府高估金融风险,从而降低绝对风险规避系数,增加风险的分担比例。

二 金融越位承担财政职能传导

地方政府的财政职能是在中央政府的领导下,在地方层级履行社会产品分配、经济活动调节的职责和功能,主要包括资源配置、收入分配、经济稳定和经济发展四个方面。政府履行财政职能是弥补市场自动调节能力不足的一种手段,在市场失灵或者社会失衡的情况下发挥作用。但是随着经济社会发展,经济指标在官员评价体系中成为最受关注的环节,从此地方政府常常"指挥"地方金融机构开展有利于经济发展的活动,导致信贷职能和财政职能划分不清,进而造成金融风险传导为财政风险。

1. 行政力量干预信贷流向

2013年之后,为调整发展结构,转变经济发展模式,我国出台了一整套结构性减税降费政策,给经济注入新的活力,但也限制了地方自有财力的增长。在这样的背景下,地方政府为了保持经济中高速增长目标,会借助行政力量干预信贷投放来弥补财政支出的不足,这就造成了金融风险向财政风险的传递。第一,以存款为诱饵引导金融机构定向放贷。地方政府拥有如基础设施建设、科教文卫支出和职工工资奖金等多个资金量巨大的开支账户,这些账户资金量充足且稳定,无论放置在哪个金融机构中,都是一笔巨大的可利用资金,因此金融机构争相与地方政府维持亲密关系,以谋求存款利益,地方政府利用存款优势向金融机构提出互惠条件。第二,以发展经济的名义直接干预信贷投向。① 地方官员为完成经济发展和税收增长指标，利用职务便利强制金融机构不得退出或减少对地方大型企业和政府扶持产业的信贷额度，即使在这些企业的经营状况和资金结构已经出现不良形态时，也要求金融机构不能通过诉讼的形式规避风险，导致错过化解风险的最佳时机，资金缺口越来越大，风险不断扩散。第三，以维护社会公平稳定的口号摊派信贷任务。地方政府为打造政绩工程，在建设公共基础设施领域投入大量资金，当财政资金出现紧缺时，就不顾市场规律，对金融机构进行信贷摊派，要求金融机构放宽贷款条件，提高信贷额度，为政绩工程提供专项资金支持，这类工程资金回笼慢，经常出现还款来源不足的信贷风险。

2. 扩张周期风险难以消化

中国经济在增速放缓时总是习惯于开启刺激扩张周期，比较典型是1997年亚洲经济危机和2008年国际金融危机之后，政府均采取了强有力的财政货币扩张政策，加大信贷资金的投放量，鼓励地方政府发债，这短期内的确解决了资金缺口，增加了流动性，将经济快速拉出泥潭。但是长期来看过猛的信贷投放酝酿着更大的金融风险。第一，贷款激增带来过度杠杆化问题。金融机构贷款量激增会引起过度杠杆化的风险，这带来的必然后果就是产生更多的坏账。我国地方商业银行的不良贷款率显著高于大型商业银行，地方金融机构存在隐瞒不良贷款、人为降低不良率、虚假处置不良资产、五级贷款分类混乱等问题。② 第二，信用收缩引发财政收入危机。危机后，地方金融机构对信贷审批宽松，部分企业强行扩表，短期内经济迅速恢复，但随之而来就是债务到期，行业景气度下降，大规模

---

① 王永钦、陈映辉、杜巨澜：《软预算约束与中国地方政府债务的违约风险：来自金融市场的证据》，《经济研究》2016年第11期。

② 张小茜、孙璐佳：《抵押品清单扩大、过度杠杆化与企业破产风险——动产抵押法律改革的双刃剑效应》，《中国工业经济》2017年第7期。

去杠杆开始，整个社会陷入流动性困境和"资产负债表衰退"陷阱，此时无论如何启动信贷刺激也无法在短期内拯救私人部门，大量私人部门破产或者陷入困境，动摇税基。

三 问题网贷及非法集资传导

随着资本市场逐步平民化，近年来各类金融创新层出不穷，网贷和民间集资就是其中比较典型的方式。P2P网贷即网络平台借贷，是借贷双方通过互联网平台实现的直接借贷，监督管理较为困难，网贷企业鱼龙混杂，很多问题网贷平台充斥市场。非法集资是指法人或者私人在没有经过法定程序审批的情况下，以发行股票、债券、投资基金证券或其他债权类凭证的方式向社会公众筹集资金，并许诺在未来以货币、实物或其他方式向认缴人还本付息的行为。问题网贷和非法集资均属于金融监管的漏网之鱼，其本身经营过程中蕴藏很大的风险，一旦出现问题，极易传导为财政风险。

1. 冲击地区经济发展

问题网贷依托平台，非法集资依托关系，二者均有显著的区域集聚特点。[1] 网贷平台是以平台所在地为中心散射分布，非法集资一般以亲情友情为起点，呈现发散性分布。为招揽客户，其往往以高额回报率作为诱饵，在地区内吸收大量储蓄资金，一旦局部出现风吹草动，极易引发资金链断裂，将整个地区的资金命脉掐断，危及信贷体系运转，给经济社会带来巨大的经济损失。

2. 引发社会治安问题

在涉及问题网贷和非法集资的经营活动中，犯罪分子的警惕性较高，出现问题会迅速转移所募集资金，并惯常以极快的速度挥霍、浪费，即使在公安机关破获案件后，投资者也很难收回本金，严重者甚至倾家荡产、血本无归，极易引发社会治安问题，严重影响社

---

[1] 黄益平、黄卓：《中国的数字金融发展：现在与未来》，《经济学（季刊）》2018年第4期。

会稳定。

3. 严重损害政府形象

2015—2018年，我国各级法院处理涉及问题网贷和非法集资的刑事案件分别为5843件、7990件、8480件、9183件，同比分别上涨了108.23%、36.7%、6.13%、8.29%。可以看出，2015年此类案件呈井喷式增长，后期虽然上升幅度趋缓，但总体趋势未变。截至2021年6月，因出现资金链问题而停业的平台达到4347家，其中引起整个互联网金融行业震荡的"e租宝"事件涉案金额高达500多亿元，涉案人数80多万人，引发了一系列非理性维权问题，部分投资者要求政府为监管缺位负责。这种事件严重损害政府公信力，破坏互联网金融产业健康发展，甚至产生影响社会稳定的群体事件。

第 四 章

地方财政风险转化为
金融风险的路径研究

在我国财政风险金融化的趋势由来已久,归结起来主要有两大原因:一是金融产品的迅速发展;二是地方政府日益提升的融资需求。在这样的背景下,地方政府的财政风险逐步通过地方商业银行蔓延至证券、保险、基金等金融机构,最终扩散至整个金融体系。处于这种环境中的金融机构基于维护政企关系和提高企业利润的双重考量,往往会积极参与地方政府融资热潮,最终导致财政风险金融化。

第一节 财政风险金融化的数理模型推导

以经济增长为约束条件,以宏观经济风险变动为中介,可以设计一个跨期效用最大化模型,通过调节地方政府决策,求解财政风险金融化的影响因素。

一 数理模型假设

地方政府的目标是实现居民实际收入与经济发展水平共同增长,

其通过最大化居民跨期效用,拉动经济增长,实现 GDP 竞赛中的优胜。

地方政府有增加融资的倾向,但却无法凭借发行地方债或者增加税收的长效手段来募集短期资金,只能通过金融机构定向注入流动性来获得超额融资,因此财政风险金融化的结果是局部流动性超发。

流动性超发带来通货膨胀问题,导致居民名义收入提高,进入更高的应税档次,实际可支配收入减少,进而影响投资、抑制消费。因此在不考虑其他影响税收因素的前提下,实际税率 π 与财政风险金融化的关系可以表示为 $\pi(\delta)$,其中 δ 表示财政风险金融化程度。

在其他风险保持不变的情况下,财政风险金融化程度(δ)与经济体系总体风险(R)具有相关性,因此假设两者之间的分布函数为如下形式[①]:

$$R = 1/[1 + e^{-(\vartheta + \rho\delta)}] \quad (4-1)$$

其中 ϑ、ρ 均为常数,e 为自然常数。

地方总产出函数符合柯布道格拉斯形式,影响变量分别为资本存量和经济体系总体风险,表达式可以写成:

$$Y = f(k, R) = AK^{\alpha} R^{\beta} \quad (4-2)$$

其中,A 为地区生产力技术水平,α、β 为要素生产弹性,该式还满足 $\frac{\partial Y}{\partial R} < 0$ 且 $\frac{\partial Y^2}{\partial R^2} < 0$,即经济总体风险对地区产出函数产生负向影响,且呈现边际递增的趋势,即随着风险逐步积累,对增长带来的阻碍越发严重。

二 数理模型建立

出于追求 GDP 锦标和提高居民生活水平的需要,地方政府寻求

---

① 张金水、连秀花:《国家经济风险评价模型的一种改进》,《清华大学学报:哲学社会科学版》2005 年第 5 期。

居民跨期效用最大化，社会总效用最优化决策表达式可以写成①：

$$\max \int_0^{+\infty} U(c) e^{-\theta t} dt \qquad (4-3)$$

其中 θ 为常数，c 为居民总消费，约束条件为：

$$\frac{dk}{dt} = [1 - \pi(\delta)]Y - c \qquad (4-4)$$

$\pi(\delta)$ 为财政风险金融化引发通货膨胀后的实际税率。

为计算的方便，参考拉姆齐模型的设定，将效用函数设计为如下形式：

$$U(c) = (c^{1-\gamma} - 1)/(1 - \gamma) \qquad (4-5)$$

其中，$\gamma > 0$ 且不为 1，若为 1，则函数退化为以下形式：

$$U(c) = \ln c \qquad (4-6)$$

三 数理模型求解

根据以上效用函数形式，建立汉密尔顿现值函数为：

$$H_c = U(c) + \lambda\{[1 - \pi(\delta)]Y - c\} \qquad (4-7)$$

将表达式（4-1）、式（4-2）和式（4-5）带入式（4-7），利用动态规划求解，可以得到消费的稳态增长率：

$$\lambda = \frac{dc/dt}{c} = \left\{\alpha[1 - \pi(\delta)]AK^{\alpha-1}\left[\frac{1}{1 + e^{-(\vartheta + \rho\delta)}}\right]^{\beta} - \theta\right\}/\gamma$$

$$(4-8)$$

然后对式（4-8）中 δ 求导，可以得到财政风险金融化和消费稳态增长率之间的关系：

$$\frac{\partial \lambda}{\partial \delta} = \frac{\alpha A K^{\alpha-1}}{\gamma}\left[\frac{e^{\vartheta + \rho\delta}}{1 + e^{\vartheta + \rho\delta}}\right]^{\beta}\left\{\frac{\beta\rho[1 - \pi(\delta)]}{1 + e^{\vartheta + \rho\delta}} - \frac{\partial \pi(\delta)}{\partial \delta}\right\} \qquad (4-9)$$

依据本书的假设，财政风险金融化会产生通货膨胀，降低居民的可支配收入，从而抑制消费，因此式（4-9）中 $\frac{\partial \lambda}{\partial \delta} < 0$，又已

---

① 蒋中一：《动态最优化基础》，中国人民大学出版社 2015 年版。

知 $\frac{\alpha A \ K^{\alpha-1}}{\gamma} \left[\frac{e^{\vartheta+\rho\delta}}{1+e^{\vartheta+\rho\delta}} \right]^{\beta} > 0$，则必有：

$$\frac{\beta\rho[1-\pi(\delta)]}{1+e^{\vartheta+\rho\delta}} < \frac{\partial \pi(\delta)}{\partial \delta} \quad (4-10)$$

通过移项可得到：

$$\frac{\frac{\partial \pi(\delta)}{\partial \delta}}{[1-\pi(\delta)]} > \frac{\beta\rho}{1+e^{\vartheta+\rho\delta}} \quad (4-11)$$

此时，对式（4-1）经济体系总体风险函数 R 关于 δ 求导，得到：

$$\frac{\partial R}{\partial \delta} = R \frac{1}{1+e^{\vartheta+\rho\delta}} \rho \quad (4-12)$$

将式（4-12）代入式（4-11）进行整理，得到：

$$\frac{\frac{\partial \pi(\delta)}{\partial \delta}}{[1-\pi(\delta)]} > \frac{\partial R}{\partial \delta} \frac{\beta}{R} \quad (4-13)$$

在式（4-13）两边同时乘以 δ，利用链式法则计算可以得到：

$$\frac{\pi(\delta)}{[1-\pi(\delta)]} > \frac{\varepsilon_Y}{\varepsilon_\pi} \quad (4-14)$$

其中，ε_Y 表示地区产出水平对财政风险金融化的弹性系数，ε_π 表示稳态税率对财政风险金融化的弹性系数。

通过分析式（4-14）可以发现，当实际税费与实际可支配收入之比大于产出对税率的弹性时，地区经济增长受到抑制，而根据以上分析可知，增长受到抑制源于财政风险金融化。

从式（4-14）左边来看，$\frac{\pi(\delta)}{[1-\pi(\delta)]}$ 表示地区居民的应税与非税收入之比，越大对经济增长造成的抑制作用越明显，其与多种因素相关，首先，最直观的影响因素是地区的名义所得税税率，名义所得税水平具有黏性，因此假设对实际税率产生粘阻效应。其次，政府坏账会产生货币超发，在短期内提升名义收入水平，带来居民的应税收入升级，从而实际税率提升，可支配收入降低，因此 $\dfrac{\pi(\delta)}{[1-\pi(\delta)]}$ 与政府无法履行偿还义务的债务相关。最后，由于全国实行统一的所得税级差税率征收办法，在名义所得税税率具有黏性的情况下，短期内货币收入增加对经济发展状况不同的地区会产生不同的作用，应税比例与非税比例还可能与地区经济发展水平相关。

从式（4-14）右边来看，ε_Y 是地区产出水平对财政风险金融化程度的弹性，其经济学解释是当财政风险金融化程度每改变一个单位，地区产出水平所改变的数量；ε_π 是地区实际所得税税率对财政风险金融化程度的弹性，其经济学解释是当财政风险金融化程度每改变一个单位，地区所得税税率改变的程度。若政府债务带来的产出增加快于所得税增加，则会对经济增长产生促进作用，因此无法判断政府进行财政运作的好坏，需要进行具体考察来断定哪些政府负债行为加剧风险转化，而哪些政府负债行为促进经济增长。

第二节　财政风险金融化传导路径的实证分析

根据地区居民效用最大化数理模型的推导和求解，明确了财政风险金融化的作用机理，通过对解的分析找到了财政风险金融化的影响因素，现将其代入计量模型进行检验，找出财政风险金融化的主要路径。

一　计量模型设计

由此设计了省际层面财政风险金融化的面板 Logit 模型：

$$GFI_{it} = \alpha_i + \beta_1 PGDP_{it} + \beta_2 TL_{it} + \beta_3 GI_{it} + \beta_4 LI_{it} + \beta_5 GD_{it} \\ + \beta_6 FP_{it} + \beta_7 BD_{it} + \varepsilon_{it} \quad (4-15)$$

其中，i 代表不同省份（31 个省、自治区、直辖市），t 代表不同年度（2009—2017 年），α 为常数项，β_j 为回归系数，ε 为残差项。GFI 表示财政风险金融化指数，若其增长则记为 1，若其下降则记为 0。其中将财政风险金融化定义为信贷投放增长率（ΔL）与名义 GDP 增长率（$\Delta RGDP$）之比与赤字依存度（财政赤字 DEF 与财政支出 EXP 之比）的比值。因此财政风险金融化可以表示为：

$$\delta = \frac{\frac{\Delta L}{\Delta RGDP}}{DEF/EXP} \qquad (4-16)$$

由此财政风险金融化指数 GFI 就可以表示成：

$$GFI = \begin{cases} 0, \delta_t < \delta_{t-1} \\ 1, \delta_t > \delta_{t-1} \end{cases} \qquad (4-17)$$

本章的数据起始于 2009 年，是 2008 年国际金融危机爆发后的第二年，这一年我国启动了财政扩张政策，因此与上一章保持一致，统一将 2009 年的指数设为 1。

二　数据来源及变量设定

以下是模型所涉及变量的经济学含义，除特别说明外，数据均来自 EPS 中国宏观数据库（分省）、中国财政数据库（分省）和中国金融数据库（分省），采集自中国统计局提供的历年统计年鉴。

PGDP 表示地方人均国内生产总值对数值。用来描述地区经济发展水平。根据上文分析，地区经济发展水平会改变其受到货币超发冲击时的实际税率水平，即经济越发达的地区受到流动性超发的影响越大，因此预期为正。

TL 表示地区名义所得税税率水平。用居民个人所得税之和与居民个人收入之和的比来衡量。根据上文分析，由于地区名义所得税税率存在黏性，流动性超发导致居民进入了更高的应税档次，从而抑制消费，因此预期为正。①

LI 表示地方政府土地财政收入对数值。属于地方政府基金性收入的一种。土地财政收入等于单位土地成交价款与出售土地面积的乘积，2003 年之后在地方政府收入中占据举足轻重的地位，土地财政越繁荣，地方政府财政风险越低，因此预期为负。②

GD 表示地方政府债。2015 年之前是指中央财政以地方政府名义发行的债券，2015 年新预算法出台后指地方政府直接发行的政府债券，属于地方政府的直接显性负债，一般情况下不会出现违约。③无法判断影响方向。

FP 表示地方政府融资平台融资额对数值。地方政府融资平台是由地方政府设立的平台公司，其初始资本来源于地方政府控制的土地、股权、规费和债券资产，融资是以地方政府信用为担保，设立目的是在市政建设和公共事业等项目上帮助政府筹集资金。④ 地方政府融资平台是地方政府贷款的主要来源，也是最难以管控的政府负债，预期为正。

BD 表示地方政府无法偿还的债款对数值。其中包括融资平台的呆坏账和政府违约债券。根据上一节的分析这类无法偿还的债务将会直接产生货币增发而导致通货膨胀，预期为正。

最终形成了从 2009—2017 年 9 年间包含 31 个省（自治区、直辖市）的共计 3070 个数据的 Logit 面板数据。

三　分析过程及结果释义

宏观经济面板数据中的时间序列可能具有非平稳特性，直接进

---

① 郭杰、王宇澄、曾博涵：《国家产业政策、地方政府行为与实际税率——理论分析和经验证据》《金融研究》2019 年第 4 期。
② 刘守英：《土地制度变革与经济结构转型》，《中国土地科学》2018 年第 1 期。
③ 刘尚希、石英华、武靖州：《制度主义公共债务管理模式的失灵——基于公共风险视角的反思》，《管理世界》2017 年第 1 期。
④ 潘琰、吴修瑶：《可流动性资产对地方政府债务违约风险的影响——来自城投债的实证检验》，《经济学家》2017 年第 4 期。

行面板计量会出现假相关现象,为排除这种情况,需对面板数据进行平稳性检验,选择 LLC① 的方法,检验结果如表 4-1 所示。根据调整后的 t 值与 p 值,除 GD(政府债券)数据有缺失无法进行检验,其他各变量均拒绝非平稳的原假设,可以进行下一步计量。

表 4-1 财政风险金融化模型的单位根检验

变量名	LLC 滞后阶数	未调整 t 值	调整 t 值	p 值
GFI	6	-16.85	-5.95	0
PGDP	6	-14.39	-11.14	0
TL	6	-14.96	-9.71	0
LI	6	-22.90	-17.07	0
FP	6	-13.68	-8.49	0
BD	6	-21.27	-16.20	0

按照模型结构运用面板数据 logit 方法进行回归,得到表 4-2 结果,通过对比发现,logit 模型 1—3 的 R^2 均超过 probit 模型,选取解释能力最好的 logit 模型 1 来观察各变量对财政风险金融化指数的影响。

表 4-2 财政风险金融化模型的估计结果

解释变量	probit 模型	logit 模型 1	logit 模型 2	模型 3
pgdp	0.846**	0.736**	0.641***	0.639*
tl	0.203*	0.331***	—	-0.255**
li	-0.282***	-0.420***	-0.336***	-0.632***
gd	-0.744*	-0.012**	-0.107**	-0.121**
fp	0.958*	0.152***	0.178**	0.151***
bd	0.162	0.269	0.182*	—
α	0.291	0.462	0.447	0.291
统计效果			
R^2	0.347	0.498	0.474	0.57

---

① Levin, Andrew, Chien-Fu Lin, and Chia-Shang James Chu, "Unit Root Tests in Panel Data: Asymptotic and Finite-sample Properties", *Journal of Econometrics*, 108 (1), 2002: 124.

续表

解释变量	probit 模型	logit 模型 1	模型 2	模型 3
Loglikelihood	-164.21135	-164.47946	-165.39728	-165.08298
Waldchi2（5）	22.14	17.99	16.96	17.09
Prob > chi2	0.0024	0.012	0.0094	0.009

注：*、** 和 *** 分别表示在 10%、5% 和 1% 的置信水平上回归系数具有统计显著性。

人均 GDP 对数值（pgdp）的影响为正，且比较显著。证明经济越发达的地区财政风险金融化的程度越高[1]，一方面是由于经济发达地区的地方政府的抵押担保品较多，可以实现的负债更多；另一方面是经济发展水平更高的地区，通货膨胀引发进入更高纳税档次的概率更大，导致财政风险金融化的程度加深。

所得税名义税率（tl）的影响显著为正。这个税率是指具有黏性的名义税率，此税率导致居民进入更高的应税档次，破坏经济良好运转，对财政风险金融化起到促进作用。

地方政府土地财政收入对数值（li）影响显著为负。房地产业从 2003 年被国务院树立为支柱产业后一直高歌猛进，社会经济发展提速、人民生活水平提高带来买房的需求，不断高企的地价客观上成为地方政府不断扩大支出水平的坚强后盾，地方政府从财政收入担保融资转向土地收入担保融资。土地财政在很大程度上缓解了政府的财政压力，只要城镇面积不断扩大且土地价格不下降，政府就有源源不断的进项来抵消支出。然而土地资源的不可再生性和居住需求的有限性决定着土地财政收入的不可持续，一旦土地财政模式出现风险会将其无法担保的债务直接暴露在金融市场之中。[2]

地方政府债券对数值（gd）的影响显著为负。这个结果不符合预期，但其实背后蕴藏着地方政府的用钱逻辑。为谋求更高水平的

---

[1] 冀云阳、付文林、束磊：《地区竞争、支出责任下移与地方政府债务扩张》，《金融研究》2019 年第 1 期。

[2] 张兴、刘新卫：《经济新常态下的土地融资模式与风险管控研究》，《中国国土资源经济》第 2017 年第 9 期。

发展，地方政府有强烈的支出需求，这些需求需要通过发行债券或者担保融资的方式实现，相对于其他融资方式，债券融资属于市场化行为，拥有最高优先级的偿还顺序，是最不容易产生风险的方式。[①] 但发行债券对于地方政府来说并不是最优选择，一是借债的杠杆较低，2015 年《中华人民共和国预算法》施行，标志着地方政府发行债券进入市场化阶段，而市场要求债券有明确的政府财政收入担保才能入市交易，这使得其筹款能力非常有限。二是借债的用途单一，政府在发行债券前必须将资金用途进行详细说明，专款专用的监督机制非常严格，这虽然保证了资金使用的规范，但也限制了运用资金的多元化和灵活性。

地方政府融资平台融资额对数值（fp）影响显著为正。地方政府融资平台已经成为地方政府最为倚仗的融资来源，在地方政府的支持下，融资平台总能从金融机构获得足量的贷款，这种模式通过以下三种途径引发财政风险金融化：一是相对于债券融资，地方政府更喜欢手续方便、杠杆较大的平台融资，这种倾向使得平台融资占比过大，不利于风险分散；二是融资平台融资项目大多数是政府公共服务项目，如公路建设、城市绿化和拆迁还建，这类项目的投资回报率低、资金回笼慢，且中途退出机制不完善，极易产生流动性风险；三是地方政府融资平台大多以土地预期收益作为担保，随着土地制度日臻完善，土地开发成本和征地拆迁成本不断提升，土地出让收益逐步降低。

地方政府债务坏账额对数值（bd）影响为正，但显著性不强。地方政府的坏账大都通过延付和续借的方式解决，出于维护政企关系的考虑，商业银行基本上也会给予最大限度的谅解，直接引发财政风险的情况很少，但是长期来看，正是各种政府债务中的不可偿还部分的存在导致流动性超发，从而引起风险从财政领域向金融领

[①] 潘俊：《城投债与地方政府债券发行定价差异及其机理研究》，《会计研究》2018 年第 9 期。

域蔓延。[①]

第三节 财政风险金融化的主要机理

本章第一节和第二节的定量研究从数理角度切入，进而代入数据检验，得出了导致地方政府财政风险传导为金融风险的主要因素，本节希望通过定性研究对这些因素进行解剖，找到风险财政风险金融化的具体机理。

一 地方政府债务膨胀传导

根据上文的分析，财政风险转化成为金融风险的主要渠道是地方政府债务引起的流动性超发，其源头是地方政府毫无节制的债务增长，本小节希望在我国的制度框架内运用经济学逻辑找到引起地方政府债务膨胀问题无法解决的主要原因。

1. 分税制条件下的举债激励

分税制造成了我国特有的政治上集权、经济上分权的央地关系，在我国财政体制演进中具有深远的影响，中央政府通过行政领导和经济控制两种方式来影响地方政府，同时，地方政府从自身利益角度出发形成反馈机制，导致地方债务风险不断积累。第一，债务风险"大锅饭"的制度激励。在财政分税体制下，上级政府的财政兜底现象明显，形成政府部门债务风险"大锅饭"。具体来说，地方政府通过债务融资获取资金、扩大支出，取得经济增长回报，但出现债务风险却可以向上级政府传递转移，这种权责不对等的问题导致市场主体、金融机构和政府部门之间的风险分担机制失效，上级政府常常需要为下级政府承担无限偿付责任，形成各级政府同享风险

---

① 罗长林、王天宇：《地根经济的微观基础：土地抵押贷款的杠杆放大效应研究》，《财贸经济》2017年第4期。

大锅饭的预期，助长了地方政府过度举债的倾向。① 第二，任命制的制度激励。中国的官僚体系中下级地方官员需由上级政府任命，必要时需要中央政府直接任命，这种任命制度使得各级政府中形成强烈的对上负责观念，而上级政府很难做到全面深入了解下级政府官员的工作能力，此时政绩考核成为最行之有效的选拔方式，债务扩张也成为地方官员在考核中取得优胜的重要法宝。

2. 委托代理视角下的举债激励

地方政府债务问题的逻辑框架内，中央政府与地方政府、地方政府与公职人员、地方居民与地方政府之间因为信息不对称存在多重委托代理关系，造成了地方政府的债务刚性，具体有以下三点原因。

第一，经济增长的内在需求。我国经济自改革开放以来保持快速增长，这种增长主要是靠投资和出口拉动，伴随着中国经济进入转型期，投资和出口的带动作用明显下降，地方政府为保持经济发展增速，不得不通过举债融资来保持支出需求，根据世界银行公布的数据，如图 4-1 所示，2000—2016 年，我国 GDP 中资本形成总额的贡献度长期高于 40%（除 2000 年和 2005 年），平均为 50.61%，而同期世界平均水平仅为 24.35%，中国资本形成总额远超世界水平，说明投资一直是我国经济发展的重要推动力。2008 年国际金融危机爆发后，社会投资力度明显下降，各级地方政府压力巨大，经济增长刚性必然要求投资扩张，催生出地方政府债务增长。

第二，地方官员提升政绩的要求。② 委托代理关系中，在各自效用函数的驱使下，委托人和代理人的利益目标会出现分歧进而导致投机行为。地方政府的目标是提高人民生活水平、维持公共物品供

---

① 王战、蔡昉、赵修义：《40 年改革的中国之道——方法论的视角》，《探索与争鸣》2018 年第 9 期。

② 蒋德权、姜国华、陈冬华：《地方官员晋升与经济效率：基于政绩考核观和官员异质性视角的实证考察》，《中国工业经济》2015 年第 10 期。

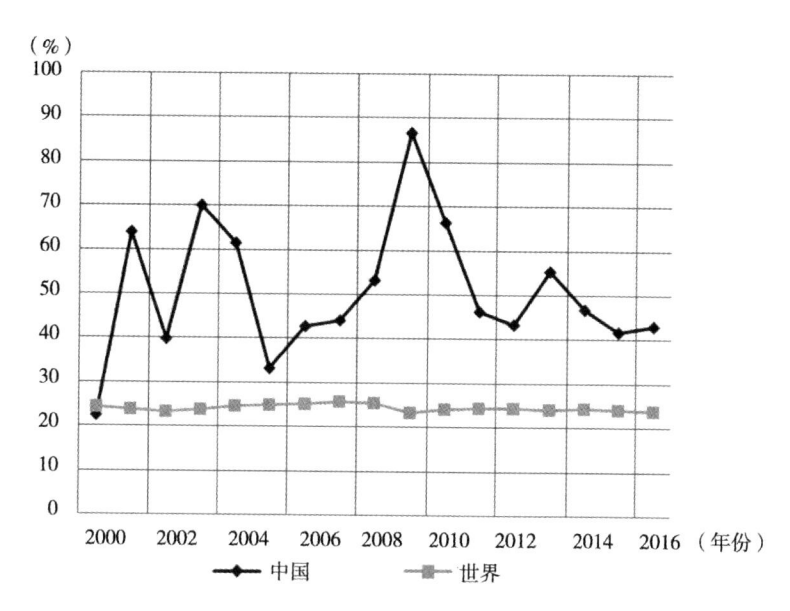

图 4-1　2000—2016 年中国、世界 GDP 中资本形成总额贡献率对比

资料来源：EPS 数据平台。

给、保持财政可持续性，而地方官员的目标是加快经济发展速度、增加自身晋升机会、持续扩大财政支出。在信息不对称的情况下，道德风险与逆向选择行为不可避免。为提升政绩，地方政府官员往往忽视财政平衡，在任期内扩大政府开支，专注于直接产生经济效益的投资，最终导致地方政府债务不断高企且结构失衡。

第三，地方居民的财政幻觉效应。地方政府不仅接受中央政府的领导，同时还需要受到地方纳税人的监督，所以在一定意义上，地方政府也扮演着地方纳税人的代理人，在这种委托代理关系中，委托人的目标是得到更好的公共服务，但是纳税人个体了解政府财税体系和支出结构的成本过高，通常不会特别关注公共支出的来源，缺乏对代理人的有效监督。另外，地方政府大规模举债时期通常是公共服务密集提供时期，地方居民满足于财政扩张带来的福利，难以感知大规模举债的成本和后果，为地方政府过度举债提供了巨大的操作空间。

二 土地财政担保失效传导

通过本章第二节的实证检验发现，土地收入增加会减少财政风险金融化，地方政府可以通过土地财政收入缓解债务负担、增加融资能力，但与此同时，地方政府也会对土地财政产生依赖，将土地财政收入与地方政府融资直接挂钩，造成政府债务风险在金融市场直接暴露。

1. 地方政府偿债依赖土地财政

1994年分税制改革前，地方政府财政收入占全国财政收入的比重接近80%，中央政府缺乏对宏观经济的调控能力，急需扭转央地之间的收入分成问题。改革后，中央政府将税源广、税基稳的税种上收，成效立竿见影。从图4-2中可以看出，1995年中央政府的财政收入比重达到50%以上，并在之后数十年当中基本稳定。

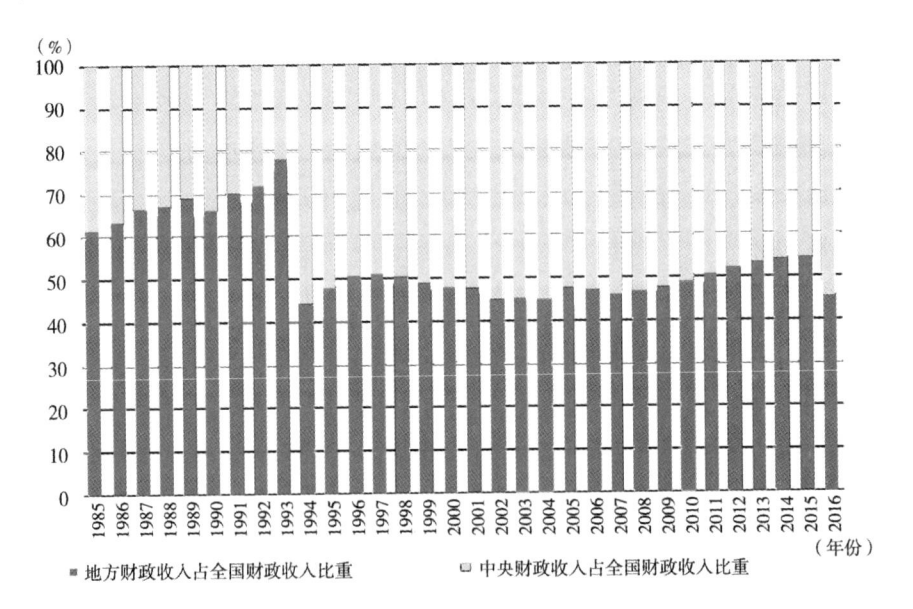

图4-2 1985—2016年我国央、地财政收入占财政总收入比例

资料来源：EPS数据平台。

这种分成方式帮助中央政府重新获得对宏观经济的把控能力，助力经济快速发展，但分税制改革也使得地方政府的财权事权丧失平衡，尤其是经济面临较大下行压力时，地方政府的财政缺口难以弥补。2015年《中华人民共和国预算法》出台前，地方政府并没有独立发行政府债券的权限，因此只能通过获取土地出让金来支持发展，长期如此就形成了对土地财政的依赖，用土地收益抵押贷款也就成为地方政府最为倚仗的融资渠道。

我国2012年审计的11个省级、316个市级和1396个县级政府的土地出让金担保债务余额为3.487万亿元，占其总债务余额的比例高达37.23%，即有超过1/3的债务是需要实现土地出让收益才能够完成偿还的，一旦土地价值出现波动，地方政府无法通过其他途径弥补财政缺口，就会直接将无法偿还的债务暴露在金融市场之内。[①]

2. 担保机制破产冲击金融市场

2002年土地"招、拍、挂"制度出台后，土地财政规模不断攀升，2012年以来土地使用权出让金与地方公共预算的比值基本保持在0.4以上，2017年、2018年的比值达到0.57和0.66，超过地方一般公共预算收入的一半。在住房建造成本中土地成本占有相当的比重，因此当土地出让金升高时地上建筑物价格也会随之上涨，如图4-3所示，2004—2016年我国土地成交价款与商品房屋平均销售价格走势基本相同，相关研究也证明过二者之间的相关性。

如图4-3所示，我国整体房价在2004年后一直处于快速上涨时期，虽然2008年受到经济危机影响上升趋势略有减缓，但在2009年迅速回调，并一路上行，增长率远超居民可支配收入增长率，无论是与同等水平国家的横向比较还是从居民实际购买力的角度衡量，

[①] 顾宁、关山晓：《新型城镇化进程中的金融创新与金融风险》，《求是学刊》2015年第1期。

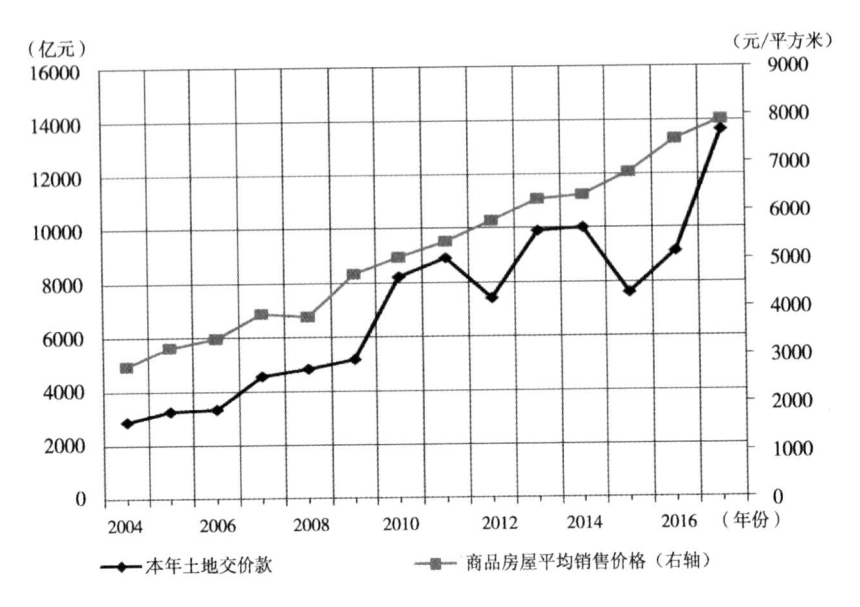

图 4-3 2004—2017 年我国土地成交价款与商品房平均销售价格走势

资料来源：EPS 数据平台。

房地产泡沫风险在我国酝酿已久。[①] 长期以来，政府部门、金融机构和社会居民形成土地价格会不断上涨的预期，因此金融机构愿意基于土地收入担保将资金源源不断地注入融资平台，使得平台债务不断累积。但同时由于土地资源的稀缺性和居民实际购买力的有限性，房价不可能一直走高，一旦房价下降或上升动力不足，土地出让价格就会有所反应，导致土地担保链条断裂，稳定的债务偿还机制破产，金融机构不良贷款率上升，极易引发区域性金融风险。

三 地方政府融资平台违约传导

地方政府融资平台受到地方政府的支持与担保，获取融资规模大，涉及项目周期长，运行过程中隐藏着较大的不确定性，极易引发金融风险。

[①] 萧琛：《供给侧结构性改革的风险掌控、目标校准与力度权衡》，《北京大学学报》（哲学社会科学版）2017 年第 2 期。

1. 平台融资过分依赖银行

为缓解地方经济发展给财政造成的压力,地方政府组建了城投公司等地方融资平台来代替政府进行金融市场融资操作。在地方政府的支持下,融资平台总能在银行获取高额贷款。我国地方政府融资平台的债务资金中有 80% 来自银行,银行贷款是地方政府融资的主要方式。[1] 在我国大多数金融资源都由商业银行掌握,特别是国有商业银行,其资本来源的合法性来自政府部门的授权,这天然形成了银行与政府之间千丝万缕的联系。我国地方政府融资平台的有息债务规模(短期借款、一年内到期的非流动负债、长期借款、应付债券)从 2011 年底的 20.64 万亿元增至 2020 年底的 43.28 万亿元,扩大了两倍有余。2011 年以前地方政府融资平台的有息债务中银行贷款占比达到 90% 以上,而 2011 年之后由于债券发行增加导致银行贷款占比略有下降,平均占比为 65%,但依然占据融资平台总融资额的 2/3 左右。

2. 平台债务供需结构错配

数据显示,截至 2017 年底,有 1825 家地方政府融资平台的自有资金无法覆盖自身债务本息,其占比达到总数的 15.6%,而其中的 1549 家更是处于高风险状态。郑联盛等预测如果出现强外部冲击,我国地方政府融资平台违约所产生的不良贷款率接近两成,不良贷款金额可能高达 2.4 万亿元,而融资平台违约的源头就是债务期限结构的错配[2],具体表现为:第一,资金供给与需求的矛盾。在资金需求侧,地方政府将平台融资中的绝大部分投入大型基础设施和公共服务项目,此类项目具有资金占用量大、回收期长的特点,变现能力有限。在资金供给侧,商业银行的主要资金来源是活期存

---

[1] 沈红波、华凌昊、张金清:《城投债发行与地方融资平台主动债务置换——基于银行授信视角》,《金融研究》2019 年第 12 期。

[2] 郑联盛、胡滨、王波:《我国引发系统性金融风险的潜在因素与化解之策——基于时间和空间维度的分析》,《经济纵横》2018 年第 4 期。

款，其对资金的流动性要求较高，如果银行业务平稳开展，则可满足资金保持动态平衡，而一旦遇到外部冲击则银行资产负债期限结构的矛盾完全暴露。第二，央地融资需求不一致带来的影子银行问题。① 2015年出台的新预算法赋予地方政府独立发行政府债券的权限，名义上地方政府可以根据信用水平和市场价格获取债券融资，但实际上，中央政府依然控制着地方政府债券发行的结构与规模，当地方政府的实际需求大于中央政府允许的债券额度时，地方政府开始寻求其他融资渠道，影子银行应运而生。影子银行的主要业务是管理运营信托产品，这些产品多数是银证合作发行，不在银行监管体系之内，容易产生金融风险。

---

① 周小川：《守住不发生系统性金融风险的底线》，《人民日报》2017年6月22日。

第 五 章

系统性金融与地方财政交互风险研究

第三章和第四章分别研究了金融风险和地方财政风险相互之间的传导机制，本章的目的就是在此基础上，总结两种风险相互传导、交叉感染的风险交汇点。本书将此类风险命名为系统性金融与地方财政交互风险（以下简称交互风险），交互风险一旦产生，短时间内迅速爆发、快速传播，金融和财政均深陷泥潭，难以实现互救，因此会造成局部范围内巨大的冲击，形成强烈的经济波动，甚至引发经济危机。

第一节　地方政府债务结构失衡风险

地方政府债务结构包括三个方面：期限结构、来源结构和分布结构，三种结构均对地方政府偿债能力产生直接影响，结构失衡造成违约将会通过财政金融联结关系直接传导至金融市场，影响金融稳定，因此地方政府债务结构风险属于财政金融交互风险。

一　债务期限结构错配风险

债务期限结构是指债务偿付的时间分布情况。截至 2018 年末，全国地方政府债务余额 183862 亿元，剩余平均到期年限 4.4 年，其中一般债券 4.3 年，专项债券 4.6 年。我国地方政府的债务中，中短期债务占比最大，但是在资金使用方面，保障房建设和城市基础设施建设等长期工程占比最大（2017 年 74.73%），债务期限错位已成为主要的风险蕴藏点。

1. 资产形成能力不足风险

受制于还款期限的限制，地方政府难以利用债务资金提高资产使用效率、调整资产配置结构。一方面地方政府无法获取稳定现金流来进行长期性的政府支出，也无力建立具有抗风险能力的保障资金蓄水池，这很大程度上限制了政府对宏观经济的调控能力，极易受到资产价格波动的影响；另一方面政府为了维持长期性资金项目运转不得不采取"借新补旧"方式，使用资金的灵活性大打折扣。

2. 地方政府债务违约风险

地方政府偿债资金主要来源于税收收益、土地收益和项目收益，其中税收收益有严格的预决算管理机制，还款作用非常有限且增长缓慢，项目收益受到资产形成效率和项目变现能力影响，债务偿还能力并不稳定，并不能作为固定的还款来源。此时，当偿债期限临近且分布集中时，土地收益成为地方政府最后的救命稻草，但是土地资源的不可再生性和房地产市场的波动性共同决定的土地财政的不可持续，一旦土地担保链条断裂，政府债务违约将引起交互风险。

3. 偿债能力判断失误风险

我国中央政府对地方政府债券的发行有着严格的管控期望，财政部门和审计部门是负责地方政府债券管理监督的主要机构，而在统计口径上两者之间存在显著不同，财政部门侧重于将债券成本纳入地方财政预算口径，通过"自下而上"汇总获取；审计部门则采用"自上而下"逐级审查，直至找出债务根源。由于统计汇总需要时间，不同偿债期限在相反的统计顺序中会引起债务数据出入，财政部门和审计部门就会根据各自的统计结果给出监督管理意见，引发对偿债能力错误的估计。

4. 债务置换影响扩大风险

债务期限结构不匹配最惯常的解决办法就是债务置换，而债务置换的实质是延长存量债务的还款期限，客观上是将地方政府的财政风险再次传导到金融市场，而且存在风险放大的可能性。一方面，债务期限置换可能会破坏债务人的资产负债表，地方政府发行置换债券后，需要在金融市场进行销售，主要的买家就是商业银行，原本商业银行为保证资产流动性和营利性会在贷款、债券和现金中根据自身资本构成状况和风险承担能力选择平衡策略，购买置换债券将打破原有平衡，破坏金融市场的稳定局面，导致风险滋生。另一方面，中央银行为促使商业银行购买地方政府置换债券，通过降息降准增加商业银行的可用资金，这一行为相当于增加市场基础货币投放，本质上是央行开动印钞机为地方政府债务买单，容易引发区域性流动性过剩风险。

二 债务来源结构单一风险

本书根据中央国债登记结算有限责任公司公布数据对地方政府发行债券的投资人结构进行估计。2018年地方政府债券托管总量为20.36万亿元，其中商业银行是最主要的持有人，占比约为77.68%（其中67.17%为全国性商业银行、7.96%为城市商业银行、2.34%为农村商业银行、0.21%为外资银行），特殊结算会员占比为8.65%，基金类占比为5.85%，个人投资者占比为3.48%，其他投资者占比为4.34%。在地方政府债券的持有人当中，商业银行"一家独大"。与此同时，商业银行在地方信贷市场中还需要满足地方政府融资平台需求，使得地方政府的广义债务全部压在商业银行这个投资人身上，这种债务分布非常不利于风险的分散。[①]

[①] 徐忠：《经济高质量发展阶段的中国货币调控方式转型》，《金融研究》2018年第4期。

1. 政府银行互相依附风险

商业银行是金融市场主体,既与地方政府发生市场交易行为,客观上还与地方政府在行政管理和社会责任等多方面产生关联,通过成为地方政府的债权人,商业银行获得政府的财政存款和其他利益倾斜,做大资产负债表。[①] 作为回报,商业银行在放贷过程中降低了对政府相关贷款人的审核标准,而前期审核是放贷过程中最为重要的一步,在审核不足的情况下,商业银行对政府信用状况没有充足的认识,债务形成的资金是由财政部门形成资金池统一支配,商业银行难以进行后续跟踪,导致债权债务关系与政企关系盘根错节。这显然也不是市场经济社会应该出现的情况。

2. 银行转嫁政府债权风险

各级地方政府债务最终汇集至商业银行总部,而总部对地方政府与地方分支了解有限,难以形成有效的监督管理,无法及时调整债务规模。银行总部为规避这类风险,就将难以判定风险程度的政府债务通过证券化手段打包成理财产品,并以"政府不破产"为依据,调高这类产品的信用评级,通过金融市场将风险层层下移,最终可能形成超出地区范围的区域性金融风险。

三 债务层级结构失调风险

很多学者认为我国地方政府债务具有区域结构不平衡的问题,理论依据是地区贫困程度与政府债务负担不成比例,存在东高西低的情况。本书调查发现,2013 年我国东、中、西部债务余额占比分别为 47.05%、23.40% 和 28.70%,到 2017 年这个数字变成 42.56%、24.54% 和 32.90%,可以看出,区域不平衡的问题已经有所好转,且东高西低是基于债务余额总量来看,并没有考虑省区的体量,如果从地方政府负债率(债务余额与财政收入的比值)来看,

---

① 马松、潘珊、姚长辉:《担保机构与中小企业贷款:银行视角下的合谋还是合作?》,《财经研究》2015 年第 7 期。

债务率排名前 6 位分别为贵州、青海、云南、海南、宁夏和内蒙古，除海南外全部为西部省份，因此地方政府债务在区域结构上还是符合发展需求的。我国的主要问题是债务层级结构不平衡，债务按政府层级结构划分为省级、市级、县级三级，2017 年各自所占比重分别为 13.64%、42.86% 和 43.50%，而在 2010 年这个数据为 23.96%、43.51% 和 26.53%。市级层面变化不大，而省级占比急剧缩小，县级占比急剧膨胀，但县级可支配的财政资源非常有限，债务偿付风险更高。

1. 县级政府规避监管风险

相对于省市级政府来说，县级政府在行政的规范性上存在很大差距，相反在行政能力上却拥有很大自主权，这使得县级政府在管辖区域内拥有很强的融资能力和融资需求。2014 年 9 月 21 日，国务院办公厅印发《关于加强地方政府性债务管理的意见》（国发〔2014〕43 号），明确取消市县财政举借地方债的权限，并同步取消县级政府融资平台公司的融资资质。但从上文提供的结果来看，县级政府投融资平台的融资力度不减，只是在操作方式上更加隐秘化，这种行为存在很大的风险，一方面由于规避监管的需要，县级政府融资平台的融资很多都没有纳入政府财政体系，给地方官员暗箱操作提供了机会；另一方面也造成巨大的监管困难，在监管过程中耗费大量人力物力成本，得不偿失。

2. 县级政府举债失范风险

相对于省市两级政府，县级政府信用额度较低，从金融机构融资的难度较大，正因为如此，县级政府获取融资的手段也更为激进，在融资平台融资资质受到严控的情况下，很多县级政府开始寻求信托举债，而且并不是以信托贷款的形式，是以财产权信托的模式"曲线救国"。由信托公司受让平台公司的应收账款收益权，债务人就是县级政府，政府将来偿还信托计划的本息，相当于政府将未来产生的现金流"打包出售"给信托公司，这种操作的利率远远高于贷款和债券利率，可以说是一种饮鸩止渴的方式，会在很大程度上伤害政府获取收益的可持续性，在长期来看可能会引发政府赤字危机，而信托公司对短期收益的要求较高，一旦平台公司的现金流无法满足信托计划要求，则政府需要为违约负责，从而直接造成交互风险。

3. 县级政府无力偿债风险

根据何鸥的统计，我国县级政府的年偿还借款率仅为7%—33%，还款能力非常有限，2016年开始的房地产去库存使得土地出让市场景气度下降，土地收益给县级政府提供的资金支持越来越少，造成县级政府在化解债务上面临前所未有的困难。[①] 另外，在县级政府的融资中有相当的部分用于工业园区的开发建设，以谋求在招商引资竞争中占得一席之地，但是每个县区的禀赋和区位不同，在招商中取得的效果存在差异，如果工业园区开发失败，无法获得可持续的财政收益，则很有可能造成债务违约，引发金融市场动荡。

第二节　地方融资平台过度融资风险

地方政府融资平台是金融和地方财政领域最大的风险点，名义上其属于市场中的一个主体，应该按照市场规则参与市场活动，实际上其属于地方政府的代言人，利益最大化目标常常有悖于监管目标，相当于既是裁判员也是运动员，失范行为难以避免。2014年，国务院颁布《关于加强地方政府性债务管理的意见》，各监管部门不断加强对地方政府融资平台的监管审查，规范地方政府融资平台的政策性文件频出，但是由于地方政府财权和事权的天然矛盾，融资平台的过度融资屡禁不止。

---

① 何鸥：《县级地方债问题研究及对策思考——以余江县为例》，《时代金融》2017年第14期。

一　地方政府的道德风险

从短期来看，每次中央政府下大力气严控监管环境，对地方政府融资平台的管理就会取得阶段性成效，大部分融资平台在监管压力下会回归规范操作，但长期来看，只要地方官员政绩考核机制不改变，就无法从根本上解决地方政府投资扩张的倾向，监管只能逼迫地方政府采取更为隐蔽的操作方式。

1. 地方政府行为异化风险

地方政府融资平台建立的初衷是弥补政府预算内收入不足，使地方政府可以通过市场化操作获得促进地区经济发展、提高人民生活水平的资金。而在实际操作中，由于地方官员的政绩考核机制不健全，使得片面地追求 GDP 增长成为主要激励，地方政府融资平台恰恰为扩大开支提供助推器，过度融资开始产生，短期内政府投资迅速涌入，挤压了社会资本的投资空间，也破坏了投资和消费的平衡。风险在经济发展到一定阶段或者投资模式难以为继时开始显现，投资不均衡带来的产业结构失衡、粗放型发展模式带来的环境污染、要素性收入占比过高带来的贫富差距过大等问题都成为制约地方经济进一步发展的风险。

2. 地方政府恶性竞争风险

地方政府融资平台的无序发展客观上会造成地方政府间的恶性竞争。地方政府为在竞争中取得领先，大力发展地方政府融资平台，取得融资后盲目上马政绩工程，导致大量重复建设问题，造成了社会资源浪费。另外，由于我国不同地区之间的资源禀赋差异较大，发展不平衡的状态一直存在，因此不同地区融资能力大不相同，融资平台毫无节制的融资相当于给地区经济发展加杠杆，客观上加剧了地区间经济发展差距。除此之外，有些地方政府财力基础本来就比较薄弱，为在竞争中不落下风，融资规模越来越大，造成政府财政风险不断加码，甚至导致政府破产。

3. 地方官员贪污腐败风险

在2015年《中华人民共和国预算法》颁布以前，地方政府融资平台一直以一种特殊的方式存在于政府与市场之间，名义上融资平台是一个市场主体，可以独立地进行市场活动，其盈亏均不计入地方政府财政预算体系，但实质上融资平台的融资行为却是以地方政府未来收益作为担保，并且其资金的实际使用权也被地方政府所控制。对于地方官员来说，这种模式实质上是一种只享受权益却无须接受监管的特殊支出渠道，融资资金为地方官员进行政府支出提供了足够的灵活性，而资金的流向又不像预算内资金那样受到严格的约束，导致贪污腐败开始滋生，有些地方官员将大量资金投入市政建设中，从招投标过程中索取大量回报，造成工程质量问题频发；还有些官员利用融资大搞形象工程和重复建设，造成大量资源浪费，无法承担融资成本，最终由地方政府买单。而关于地方政府融资平台贪腐的行为一般比较隐蔽，不容易被调查发现，即便出现问题，责任人也可以将责任归咎于集体决策失误和历史遗留问题。

二 影子银行的潜藏风险

影子银行是指非传统银行体系下的信用中介体系。地方政府为规避银行"表内"业务的监督，要求融资平台通过信托计划、企业债券等多种方式筹集资金，此时的融资方式就从"传统银行信贷"转变为"影子银行筹资"，"非标贷款"快速发展就是最好的例证。由于监管的成本以及能力所限，影子银行与融资平台的合作形成了监管真空，其实质是地方政府一种掩耳盗铃式的融资行为，这种有意而为的规避行为中蕴藏着巨大的风险。

1. 监管盲区诱发高利率风险

随着地方政府的资金需求越来越大，银行贷款和政府债券已经无法满足地方融资需求，融资平台不得不开始向金融体系中的影子银行寻求资金支持。影子银行的资金来源比较复杂，持续性和稳定性较差，利率也比银行贷款高。但对融资平台来说，影子银行的优势是处于监管的真空地带，不受银行资产负债表限制。结果就是地方政府融资平台与影子银行一拍即合，在经济顺周期中，资产价格上升，融资平台在还本付息后仍能获取收益，同时资产泡沫不断积累，当资产价格下跌时，影子银行高利率特点开始显现，融资平台无力支付高额的利息成本，导致债务违约，进一步加剧资产价格下跌，引发更大规模的金融风险。

2. 错误引导信贷流向风险

超出市场供给能力的融资需求催生出影子银行，而影子银行的出现又会错误地引导资本流向。政府部门调控金融市场的目的是通过合理化资金配置促进经济健康发展。而过度融资催生出的影子银行逃避监管，向房地产和"两高一剩"行业等无法从正规金融渠道获取融资的领域提供贷款，破坏了政府的调控部署，造成经济结构失衡。在这个过程中影子银行储户获得储蓄收益，贷款人获得了资金支持，影子银行赚取利差，最终造成的风险交由政府承担。

3. 缺乏制度保障支持风险

小额贷款公司、典当行和融资性担保公司等影子银行很容易出现超范围经营问题，但却缺乏央行的直接流动性支持和存款保险制度保障，其自有资金池体量有限，极易出现流动性风险，一旦自有资产发生减值，为满足金融市场的抵押担保要求，必须通过抛售资产来保证流动性需求，而抛售行为又会进一步降低资产价格，导致资产贬值，形成恶性循环。另外，为满足融资平台过度的融资需求，影子银行之间时常会形成密切的资产负债表关系，甚至有正规金融机构为攫取超额收益也会持有影子银行的结构性金融产品，极有可能通过金融系统内的资产负债表关系诱发系统性风险，此时地方政府过度融资导致财政没有多余的财力救市，而金融系统也没有额外的信贷能力帮助财政渡过难关，两种风险同时爆发，使整个地区的经济发展陷入困境。

三 过度融资的惯性风险

通过历史观察可以发现，中央政府下大力气治理整顿地方融资平台是卓有成效的，但一段时间的规范操作后，融资方式仍会逐步向逃避监管的方向发展，这其中有其一定的历史必然性，也就是地方政府过度融资的惯性。

1. 上级政府不作为风险

当经济上行乏力时，为稳定增长速度，上级政府会出台刺激政策提振经济，此时会默许下级政府采用平台融资这类高杠杆、见效快的融资方式，迅速引导经济走出泥潭。而当经济进入上行通道时，上级政府则要求严格限制平台融资，将风险控制在合理区间之内。这种做法既能稳增长，又能防风险，两全其美。但在实际执行过程中却难以实现，困难时期对融资平台的放任形成巨大惯性，造成地方政府对平台融资的依赖，融资平台违规融资的现象时有发生，甚至出现地方政府与金融机构合谋规避监管问题，短期内很难通过提升监管强度的方式有效降低融资规模。[①]

2. 商业银行逐利性风险

在经济形势不佳和信用风险较高的时期，商业银行对信贷业务的把控比较严格，不敢贸然贷款给信用状况不良的企业，此时地方政府融资平台就成为首选的授信单位。在商业银行看来，给政府融资平台的信贷都有政府未来收益作为担保，即使监管部门已经警告商业银行地方政府融资平台存在潜在风险，商业银行也秉持"政府不破产"的执念，对平台过度融资熟视无睹，并且利用复杂的金融工具创新规避监管，继续向平台提供贷款，这背后的逻辑还是商业银行笃定地方政府的刚性兑付，这实质上存在两个方面的风险，一方面导致银行大量信贷资源流向融资平台，挤占社会其他融资需求，

---

① 郑石桥：《审计客体特征对部门预算执行审计力度影响研究》，《财会通讯》2019 年第 16 期。

影响经济发展；另一方面也将地方政府债务雪球越滚越大，最终走向破产边缘，需要中央银行和上级政府救援。

第三节　PPP 模式错误运用风险

PPP 即政府与社会资本合作模式，是政府与企业或专业化机构等合作提供公共产品和服务的模式。这种模式的初衷是让社会获得公共产品，企业获得利润，政府企业通过合作达到共赢，但在实际操作过程中却隐含交互风险。

一　模式认识不足风险

PPP 项目是在公共服务和基础设施供给领域引入社会资本，既帮助政府部门缓解财政压力，又帮助社会资本取得经济回报，达到一种双赢的结果。[1] 但是由于地方政府和社会资本对 PPP 项目的合作模式认识不足，实际操作过程中容易出现偏差，导致潜在风险不断积累酝酿。

1. 地方政府或有负债风险

地方政府在 PPP 模式中承担的责任既应包括纳入政府财政预算的部分也应包括基于政府公共服务供给主体地位而产生的推定部分，既有直接债务也有或有负债，政府常常因对或有负债估计不足而产生债务危机。20 世纪 90 年代，马来西亚和印度尼西亚上马众多 PPP 项目导致政府积累大量或有负债，财政的还款能力有限，只好开动印钞机弥补财政漏洞，使得 1997 年亚洲金融危机恶化。2007 年，英国政府的 PPP 项目产生的或有负债达到了 2670 亿英镑，占英国当年 GDP 总量的近 20%。这两个案例共同说明了 PPP 项目或有负债的严重性。

---

[1]　刘波：《地方政府治理》，清华大学出版社 2018 年版。

从我国PPP综合信息平台提供的公开数据可以看到，截至2018年末，PPP项目管理库项目累计8654个、投资额13.2万亿元，比2017年末项目数增长1517个、投资额增长2.4万亿元。地方政府推广PPP模式的政策导向是值得肯定的，但同时必须要清醒地认识到PPP项目隐含地方政府未来财政义务，目前绝大多数地方政府没有在政府财务会计报告中体现PPP项目收支状况，而在政府工作报告中却大力鼓吹和标榜本地区PPP项目数量和融资额增长情况，一旦项目运营过程中出现风险，地方财政却没有多余的预算来应对，造成的后果不堪设想。

2. 地方政府变相举债风险

PPP项目的常见模式是政府与社会资本共同出资成立项目管理公司负责项目的落地和运营。近些年来，随着经济增长速度减缓，2019年政府工作报告中提到要继续加大减税降费的惠民惠企政策，客观上加剧了地方政府的财政困难，使其融资压力变大，在融资平台已经负债累累无法取得更多资金时，地方政府开始利用PPP项目创造新的融资增长点。PPP项目通过政企合作经营的模式进入公共服务和基础设施等社会资本鲜有涉及的领域，正是利用了这一点，地方政府假借合作之名，行融资之实，在项目资金到位后，政府向合作企业出具政府担保函，承诺未来向企业支付项目收益回报，而项目的实际运营收益权全部属于地方政府，这种明修栈道、暗度陈仓的融资模式，实际上却是地方政府增加杠杆变相举债的新方法，增加了政府债务危机爆发的可能性。

3. PPP项目承诺回报风险

PPP项目虽然有政府参与且多涉及社会公共服务领域，但是PPP项目的运营仍然属于市场主体行为，政府和企业只是项目的合作者，项目本身需要市场的检验，所以必然会存在经营风险，那么其中社会资本部分所获收益多寡应取决于项目建设的好坏和后期运营的水平。但是实际操作中，地方政府为吸引企业入场，会在合作协议中单方添加固定收益条款，这种做法短时间内确实加速了社会资本进场，确保了 PPP 项目数量稳步增长，但却严重破坏了市场规律，无形中加重了政府负担，若项目市场表现没有达到预期，地方政府就不得不自掏腰包来保证收益承诺，带来了严重的财政隐患。

4. PPP 项目付费机制风险

社会资本在 PPP 项目中有两种收益方式：可用性收益和绩效性收益，其中可用性收益是指在项目或工程验收合格后，社会资本按照对项目的贡献程度一次性获取回报；绩效性收益是指按照贡献程度从项目盈利中取得回报，项目的市场表现好、社会评价高则获得较高回报，否则则只能获得基础回报。显而易见，在市场经济框架内，绩效性收益比可用性收益更能激发企业的投入热情，而目前的现实情况却是大部分企业均获得可用性收益，这使得很多 PPP 项目将主要精力投入工程建设当中，却不顾项目未来能否带来可观的收益，结果就是项目的数量不断上涨，但是带来的经济效益却增长缓慢。长期来看，这种重量不重质的 PPP 项目结算手段会带来大量的资源浪费，并导致项目的失败率提高。

5. PPP 项目边界模糊风险

PPP 模式最大的特点就是将政府资本的制度优势和社会资本的效率优势结合起来，在提供优质公共服务的同时满足社会资本的收益要求，一举两得。但是并不是所有项目都适合采用 PPP 模式，国家安全项目就需要政府天然垄断不适合社会资本进入，而相反市场已经可以实现高效供给的领域也不适合政府资本进入。在实际操作中，某些地方政府对国家倡导的 PPP 模式认识不足，误以为 PPP 是万能钥匙，可以拓展到所有领域，结果适得其反，增加了引发安全风险和市场风险的可能性。

二 社会资本盲目性风险

对政府的充分信任以及可能出现的信息不对称使得社会资本很容易盲目参与 PPP 项目，这在很大程度上增加了项目的风险性。PPP 模式的合作关系是平等的，而不是政府主导，社会资本参与，因此在进入前社会资本应该进行完整科学的可行性评估，而不是基于"政府不破产"的固有思维盲目加入。在进入PPP项目后，由于未考虑项目收益和自身发展要求的适配，社会资本时常因为后续资金补给能力不足而产生违约，其体量有限难以承受违约损失而导致破产，最终诱发风险产生。

1. 社会资本定位不明风险

在PPP项目中，社会资本习惯于将主导权交给政府，而实际上作为项目合作双方的政府和企业对项目的要求是不同的，地方政府的目的是获得项目产出，企业的目的是获取项目收益，目标函数不同导致政府的主导下项目往往不会朝着企业所希望的方向前进。问题的根源在于社会资本并没有摆正作为项目合作者的定位，过度依赖政府在处理市场化问题方面的能力，导致其在项目合作时处于劣势，诱发项目违约甚至破产。

2. 项目建设经验欠缺风险

PPP项目涉及领域多为公共服务与基建工程，之前很少有市场主体参与，业务范围很可能与企业主营业务不同，因此企业在项目建设与管理方面缺乏经验，相关人员工作水平和安全意识均难以达到要求，容易造成工程进度慢和工程质量差的后果，最终导致很多建设问题在项目运营期间开始显现，致使企业承担建设责任，造成经济损失和信誉损失。

三 项目运营实际运营风险

PPP模式是一种新型政企合作模式，在我国出现时间较晚，2015年之后才逐步进入快速发展阶段，对PPP项目的经营和监管均处于摸索阶段，存在尚不完善的方面，因此在PPP项目的运营阶段蕴藏着很多风险。

1. 招投标不规范风险

目前的招投标管理规定仅针对工程或者相关类货物和服务采购

等领域,并不涉及融资及长期运营管理类招投标,而 PPP 项目一般期限较长,可能关乎长达数十年的权利义务安排,因此在招投标过程中经常出现操作不规范现象。目前 PPP 项目通常是在选拔出最具竞争力的候选投资人名单后,按照优先顺序依次进行竞争性谈判,这与招投标规则中"在确定中标人前,招标人不得与投标人就投标价格、投标方案等实质内容进行谈判"的规定有本质冲突。在实际操作中,一些地方采用"招商"来替代"招标",绕开了正常采购流程,存在巨大风险。另外,我国目前没有颁布针对 PPP 项目的招投标法律,多是以行业管理规章制度的形式出现,缺少对 PPP 招投标的管控,导致 PPP 项目的合作形式没有固定模式,运营过程中可以协商的余地很大,操作空间也很大,极易滋生腐败问题,增加了项目失败的风险。

2. 责任划分不明风险

发达国家实践证明,PPP 项目成功的关键是政企责任合理划分,建立公平有效的风险共担机制。[①] 但在我国 PPP 的发展实践过程中,地方政府和社会资本对合作模式比较陌生,政府又习惯性居于主导地位,导致二者风险分担比例极不合理,某些项目将设计、建设、运营风险全部归于地方政府,典型行为便是将使用者付费表现与财政补助力度倒挂,当项目使用者付费不足以满足项目收益时则要求地方政府增加财政补助,这种模式相当于社会资本仅参与项目施工,当施工结束后社会资本便没有任何激励去提升项目的盈利能力。

3. 市场需求变化风险

PPP 项目上马前,地方政府和企业会根据预测模型来估计项目的市场需求,而受困于模型的科学性和数据的可得性,预测结果与现实表现之间可能存在偏差。而且,随着时代发展和科技进步,原有需求经常会被新需求所代替。二者共同作用导致 PPP 项目风险增

---

① 李开孟、伍迪:《PPP 的层次划分、基本特征及中国实践》,《北京交通大学学报》(社会科学版)2017 年第 3 期。

加。除此之外，由于市场需求的变化，PPP 项目可能没有按照预期产生相应收益，为适应发展需要，就会产生新的融资需求，此时社会资本的逐利性充分暴露出来，其要求政府通过行政干预手段为合作项目创造利润，如果政府迫于压力就范则破坏了市场规则危害了社会整体利益，如果拒绝则无法取得新的融资，导致资金链断裂，项目中止，前期投入也无法收回，形成一个两难选择。

第四节　中小企业融资困难风险

国务院促进中小企业发展工作领导小组第一次会议上公布数据显示，我国中小企业贡献了 50% 以上的税收，60% 以上的 GDP，70% 以上的技术创新，80% 以上的城镇劳动就业，90% 以上的企业数量。可以说中小企业是国民经济和社会发展的生力军，但是资金短缺却是各地中小企业普遍面临的难题，若这一难题不能妥善解决，会引发金融财政领域的交互风险。

一　信贷结构不合理风险

所谓信贷结构性风险是指金融机构的信贷投向不合理产生的风险，这也是中小企业融资难的主要原因。中小企业融资难并不是因为商业银行的信贷能力有限，而是因为存在大企业"争贷"和中小企业"惜贷"现象，主要手段是提高中小企业融资成本。

1. 商业银行长期低效风险

商业银行的长期目标是保持稳定增长率，这就需要在防止风险的前提下提高成本收益比，图 5-1 对商业银行流动性指标进行描述，菱形代表商业银行存贷比，对应左侧坐标轴，在 2018 年 9 月已达到 73.55%，直逼 75% 风险大关；三角形代表人民币超额备付准备金率，对应右侧坐标轴，体现出同样的风险程度，几度处于临界值 2% 以下；正方形代表商业银行流动性比，对应左侧坐标轴，风险在可控范围内。综合三个指标可以看出,我国商业银行并没有因为规避金融行业系统性风险而产生有钱不贷的现象,对中小企业的放贷较少是结构性问题,而非总量性问头,商业银行为降低贷款违约风险将大量资金贷给大企业,但是长期来看,相对于中小企业,大企业营利性不足,议价能力较强,银行获得的贷款利率较低,影响商业银行盈利水平。

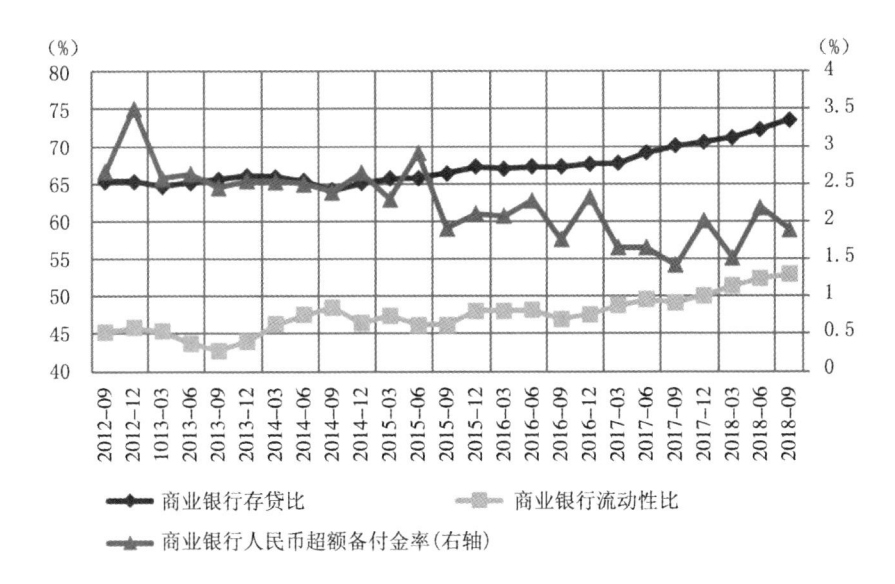

图 5-1　2012 年 9 月至 2018 年 9 月我国商业银行流动性指标走势

资料来源:EPS 数据平台。

2. 中小企业规模陷阱风险

从图 5-2 大中小型企业 PMI 对比来看,2016 年 6 月大型企业 PMI 录得 50.1%,略高于枯荣线,其他各个月份均显著高于枯荣线;中型企业 PMI 在 51% 上下波动,在 2016 年 2 月达到最低点 48.4%;小型企业 PMI 在多数月份低于枯荣线,在 2018 年初骤降后艰难爬升,中小企业发展依然举步维艰。而造成中小企业经营困难的重要原因之一便是金融市场对中小企业的"惜贷",最终导致企业陷入规模陷阱。

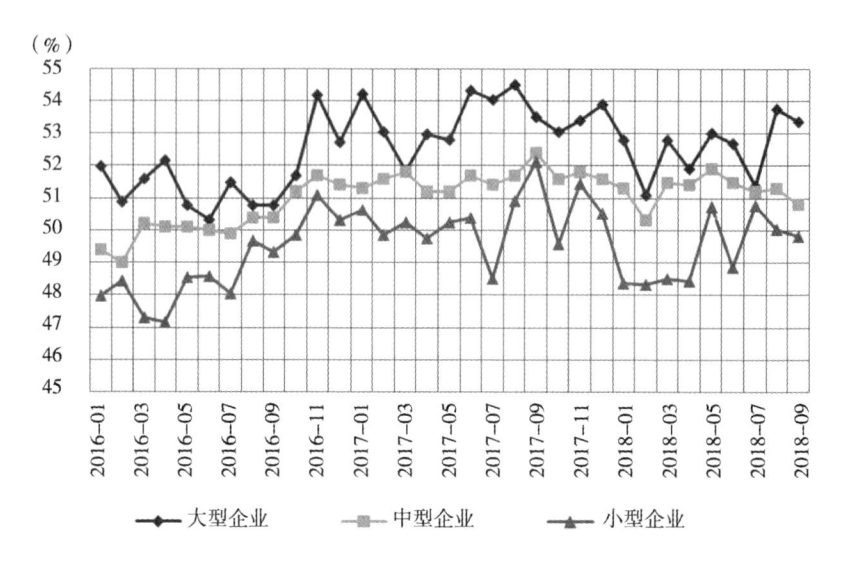

图 5-2 2016 年 1 月至 2018 年 9 月我国大中小型企业 PMI 对比

资料来源：EPS 数据平台。

企业规模陷阱是指阻碍规模以下企业冲破规模束缚的问题。中小企业贷款难就是一个重要的企业规模陷阱，其表现形式是金融市场因中小企业违约风险较高而不愿意向其贷款。随着利率市场化发展和金融体系日臻完善，中小企业渴望通过抵押担保等合法手段取得贷款，而金融机构则在提高利率之外，通过压低中小企业资产评估价格、延长抵押担保登记过程、严控审批程序等一系列方式来提高中小企业贷款的隐形门槛，给中小企业贷款制造困难。这种行为导致了社会融资的马太效应，使得中小企业陷入规模陷阱。

3. 干扰产业结构转型风险

21 世纪以来，我国非国有企业对 GDP 的贡献超过了 70%，其中，中小企业的贡献达到 60%，但与之形成鲜明对比的是中小企业得到的银行贷款却不足 20%。作为企业融资主渠道，引航贷款向大型企业的倾斜不仅导致中小企业经营举步维艰，同时也加剧了我国产能过剩问题。产能过剩行业在很长的历史时期内保持了较强的盈利能力，其中钢铁和能源行业多为国有企业，出现信贷风险可能性较小，取得大量的信贷资金，但随着发展阶段演进，这些行业盈利水平出现下滑，商业银行基于政府担保继续向这类企业贷款，导致资金流向高能耗、高污染和产能过剩行业，加剧商业银行信贷风险和政府担保风险。

二 企业非正常融资风险

众所周知，企业发展离不开资金支持，融资难已成为制约中小企业发展的主要阻碍。为想方设法筹集资金，中小企业不得已走上非法融资道路，这种行为不仅会破坏金融市场稳定，而且会引发诸多社会问题，产生交互风险。

1. 中小企业非法集资风险

随着人民生活水平的提高，居民家庭可支配收入不断积累，民间金融应运而生。中小企业主以较高的利率为诱饵，以自身的社会关系网为主要来源，大量筹集企业发展资金，当企业经营状况良好时，债权人获得较高收益，这种模式就得以继续拓展，筹集的资金量也逐步扩大，债权债务人的亲密社会关系逐渐淡化，民间融资资金来源复杂和保障机制缺失的劣势开始显现，当企业经营环境恶化时，债务违约出现，民间借贷区域集中和数额巨大的特点造成区域范围内流动性塌陷。

2. 民间借贷投机性风险

社会资本具有逐利性和投机性，面对存在融资困境的中小企业，就催生出高利率的民间借贷市场。与国家规定的银行贷款利率相比，民间借贷的利率高出 2—4 倍。一方面，中小企业的盈利水平根本无法承担高昂的融资成本，逼迫其不得不将资金转移到风险较高领域进行投机，一旦失败直接导致违约破产，造成的经济损失无法估量；另一方面，不断高企的民间借贷利率也催生出民间高利贷公司，其利用中小企业急于用钱的心理，通过高利率来牟取暴利，加重企业融资负担，甚至有些民间借贷公司以非法手段不断提升企业债务水平，最终侵占中小企业财产。

3. 金融秩序失常风险

中小企业寻求民间非法融资客观上破坏了正常金融秩序。首先，民间非法融资逃避金融监管，贷款手续少、资金到位快，吸收了社会上大量闲置资金，干扰正规金融吸储活动，冲击了金融机构贷款业务。其次，从供给方来看，民间放贷者为获取高额利息回报，往往采取各种手段从银行套取贷款，然后再到民间市场放贷，赚取利差。从需求方来看，中小企业债务中既有银行贷款也有民间贷款，为减少成本，选择优先偿还民间贷款，将违约风险转嫁给金融机构，威胁其资金安全。最后，民间非法融资活动的资金来源于社会资金，一旦出现资金链断裂，将无法收回集资款，导致投资者血本无归，影响社会和谐安定。

第 六 章

交互风险影响经济增长的空间实证研究

第一节 交互风险影响经济增长的数理模型推导

以上章节阐明我国的财政金融交互风险主要蕴藏在政府债务和银行活动两个方面,本章力求通过将这两者引入经济增长模型来探究风险的具体表现形式。我国金融市场尚不完善,很多方面并不符合新古典增长模型的严格假设,因此本书参照Woodford[①]的方法,在具有流动性约束的跨期经济增长理论模型基础上开展研究。

一 数理模型假设

根据我国社会经济运行情况,本书首先需要构建贴近实际的理论框架。经济运行中时常会出现周期性波动,这种波动既具有时间特征也具有空间特征,在我国表现尤为明显,经济向好时,市场投资热情高涨,大量资本涌入金融市场,为经济发展提供巨大支持;

---

① Woodford, Michael, "Public Debt as Private Liquidity", *The American Economic Review*, 80 (2), 1990: 382–388.

经济平缓时，市场投资能力有限，金融市场活跃度较差，为保持经济稳定发展，又不影响金融市场正常运行，地方政府债务扩张，保证社会整体投资水平。[1] 在这样的背景下，本书在经济增长模型中加入政府、居民和银行的互动关系，设计了一种存在政府负债、居民投资和银行系统的两部门无限期存续模型，其中每个部门的人口分别为标准化 1，增长率为 g，因此每期的禀赋为 $e_t = e(1+g)^t$，e 是人均初始禀赋。为描述政府负债和银行借贷对经济增长造成的影响，假设 A 部门只在奇数期进行投资，B 部门只在偶数期进行投资。则每个部门的生产函数为：

$$Y_t = (1+g)^{t-1} f\left(\frac{K_t}{(1+g)^{t-1}}\right) \quad (6-1)$$

其中，Y_t 是 t 期两部门总产出，K_t 是 t 期两部门资本存量，f（·）是人均资本生产函数，表现为单调增且严格凹，即随着人均资本增加，人均边际产量递减。与此同时，由于生产函数只与人口增长和人均资本有关，因此同比例扩大生产要素时生产函数的规模报酬不变。

二 效用最大化求解

要满足两部门在整个存续期的最大化效用，则效用函数表达式为：

$$\max U = \sum_{t=0}^{\infty} \beta^t (1+g)^t v\left(\sum C_t^i / (1+g)^t\right) \quad (6-2)$$

其中，V（·）是效用函数，二阶连续可微且严格凹，β 为其折现因子，C_t^i 是第 i 类部门在 t 期的消费，当所在部门拥有本期投资机会时，其会选择低消费水平，$c_d = C_t^i / (1+g)^t$。此时面临的预算约束为：

---

[1] 刘金全、刘达禹、张都：《我国经济周期波动的软着陆态势与持续期估计》，《经济学家》2015 年第 6 期。

$$c_d + \frac{\tau}{2} + k = e + [f(k) - (1+r)k] + d\left[\frac{1+r}{1+g}\right] \quad (6-3)$$

其中，等号左边为低消费部门的人均开支，分别代表人均消费、税款及投资，等号右边为低消费部门的人均收入，分别代表人均初始禀赋、资本产出和上一期政府债券收益。

本期没有投资机会的部门选择高消费水平：$c_g = C_t^i / (1+g)^t$，其预算约束为：

$$c_g + \frac{\tau}{2} + d = e + [f(k) - (1+r)k] + (1+r)k \quad (6-4)$$

其中，等号左边为高消费部门的人均开支，分别代表人均消费、税款及政府债券增持，等号右边为高消费部门的人均收入，分别代表人均初始禀赋、资本产出和上一期的投资收益。

在式（6-3）和式（6-4）中，人均需要缴纳的税款为：$\tau = T_t / (1+g)^t$，在没有投资机会时人们选择购买政府债券：$d = D_t / (1+g)^t$，人均资本存量为 $k = K_t / (1+g)^t$，投资的市场回报率为 r。求解效用最大化问题，可以得到：

$$\frac{v'(c_g)}{v'(c_d)} = \beta(1+r) \quad (6-5)$$

$$\frac{v'(c_g)}{v'(c_d)} = \beta f'(k) \quad (6-6)$$

此时可以发现达到居民消费效用最大化的解实际上与索洛模型结果相似，是比较 $f'(k)$ 和 $(1+r)$ 的关系，而这也决定了经济增长的拐点。

三 门槛效应的验证

由于本书已经假设人均资本的边际生产率递减，因此在整个经济单位资本存量较低时，即人均获得的资本量较小时，资本回报率高于利率，随着资本积累持续，资本回报率不断降低，直到与经济单位中的银行利率持平：

$$(1 + r) = f'(k) \tag{6-7}$$

本期高消费部门与低消费部门的预算约束会在下一期交替，因而政府债务会波动性地改变人均资本存量，最终改变资本回报率与利率的关系，进而决定经济增长，因此假设政府债务对经济增长具有门槛效应，即在一定范围内促进，跨过某值则抑制。

因为上文已经设定生产函数（经济增长）是资本存量的增函数，因此验证该假设，只需要证明政府债务对资本存量具有门槛效应。将式（6-3）和式（6-4）合并化简得到：

$$k = \frac{c_g - c_d}{(1+g)+(1+r)} + \frac{d}{1+g} \tag{6-8}$$

当经济中资本存量较低时，资本回报率高于利率，即 $\chi(r) = f'(k) - (1+r) > 0$。将其代入式（6-8），并对其关于政府债务求导可以得到式（6-9），其中人口增长率 $g > 0$，由于 $f(\cdot)$ 单调增且严格凹，可以假设 $f(k) = k^\theta$，且 $\theta \in (0,1)$，折现率 $\beta > 0$，资本存量 $k > 0$，因此，式（6-9）恒大于零，此时增加政府债务会增加资本存量。

$$\frac{\partial k}{\partial d} = 1/(1+g) \left[1 + \frac{(c_g - c_d)(1-\theta)}{\beta^2 \theta k^\theta (1 + g + \beta^{-2} \theta^{-1} k^{1-\theta})} \right] \tag{6-9}$$

当经济中资本存量不断提高时，会有一个瞬间，资本回报率等于利率，即 $\chi(r) = f'(k) - (1+r) = 0$。将其代入式（6-8），求一阶条件得到：

$$\partial \frac{\partial k}{\partial d} = -1/(1+g) \left[1 - \frac{\theta k^{\theta-2}(c_g - c_d)(1-\theta)}{(1 + g + \theta k^{\theta-1})^2} \right] \tag{6-10}$$

其中，要证明一阶条件小于零，只需证明：$\frac{\theta k^{\theta-2}(c_g - c_d)(1-\theta)}{(1 + g + \theta k^{\theta-1})^2} < 1$。由于模型中消费小于当期总产出，令 $c_g - c_d = \alpha k^\theta$，其中 $\alpha \in (0,1)$。展开得：$[\alpha\theta(1-\theta) - \theta^2]k^{2\theta-2} - 2(1+g)\theta k^{\theta-1} - (1+g)^2 < 0$。令 $x = k^{\theta-1}$，设 $\varphi(x) = [\alpha\theta(1-\theta) - \theta^2]x^2 - 2(1+g)\theta x - (1+g)^2 \phi$，根据一

元二次方程判别式：$\Delta = 4(1+g)^2\alpha\theta(1-\theta) > 0$。函数 $\varphi(x)$ 存在大于零的部分，令 $\varphi(x) = 0$ 的两个解分别为：$x_1 = -\dfrac{(1+g)}{\sqrt{\alpha\theta(1-\theta)} + \theta} < 0$，$x_2 = \dfrac{(1+g)}{\sqrt{\alpha\theta(1-\theta)} - \theta}$。令 $\varphi(\theta) = \sqrt{\alpha\theta(1-\theta)} - \theta$，求一阶条件：$\varphi'(\theta) = \dfrac{\sqrt{\alpha}(1-2\theta)}{2\sqrt{\theta}\sqrt{1-\theta}} - 1$。解得一阶条件等于零的两个解为：

$$\begin{cases} \theta_1 = \dfrac{\sqrt{1+\alpha} - 1}{2\sqrt{1+\alpha}} & (6-11) \\ \theta_2 = \dfrac{\sqrt{1+\alpha} + 1}{2\sqrt{1+\alpha}} & (6-12) \end{cases}$$

易证，$\varphi(\theta)$ 在 $(0,\theta_1)$ 上递增，在 $(\theta_1,1)$ 上递减。将 θ_1 代入 $\varphi(\theta)$，解得 $\varphi(\theta_1) = \dfrac{\sqrt{1+\alpha}-1}{2} > 0$。此时 $\varphi(\theta) = 0$ 的解为 $\theta_1 = 0$，$\theta_2 = \dfrac{\alpha}{1+\alpha}$。当满足 $\theta \in (0, \dfrac{\alpha}{1+\alpha})$ 时，$x_2 > 0$；否则，$x_2 < 0$。由于消费是比较稳定的变量，高消费与低消费占总产出的比例变化很大，因此，$\theta_2 = \dfrac{\alpha}{1+\alpha}$ 非常接近于 0，可以得出 $x_2 < 0$。本书的模型中，由此，$\varphi(x)$ 在 k 的取值范围内小于零，此时随着政府负债增加资本存量开始减少，即政府负债对经济增长具有门槛效应。

四 交互风险影响经济增长的理论解释

根据上述推导，资本存量的增加伴随着资本回报率的减少，当资本回报率高于社会实际利率时，地方政府债务会提高资本存量，当资本回报率低于社会实际利率时，政府债务会减少资本存量，而总产出是资本存量的增函数，由此可得地方政府债务对经济增长具有门槛效应。而从推导过程中也可以发现，政府债务对经济增长贡献的拐点是资本回报率的增函数，即资本回报率越高则拐点越高，是资金成本的减函数，即资金成本越高则拐点越低，而资本回报率和实际利率又受到政府行为和市场波动的影响，因此就呈现出一种相互影响、不断演进的动态过程。在这个过程中，当经济基本面向好时，政府债务拐点较高，此时政府通过支付正常利率形成债务，可以增加经济中的资本积累，从而促进增长，而在经济形势不好时，政府债务拐点较低，政府过多的债务负担不但会产生违约风险，而且会挤占银行信贷资源，造成利率升高，导致拐点更低，形成恶性循环。

最终证明政府债务会通过改变金融市场信贷状况对经济增长造成影响，而政府债务与金融信贷之间又存在千丝万缕的联系，其交叉作用形成风险对经济增长产生负面影响，下文将会在数理推导的基础上通过计量分析的手段找到交互风险的具体作用方式。

第二节　风险空间溢出效应存在的假设

第六章第一节在第五章的分析基础上通过数理推导得出了我国交互风险的作用机理，在实际经济运行中，这类交互风险不仅在区域内起到作用，还会因地方政府间的竞争模仿和金融系统内的密切联系而产生空间范围内的"交叉感染"。

一　地方政府间的风险空间溢出

地方政府作为财政收支的主导者和金融市场的监管者是地方经济发展的主要责任人，地区金融财政交互风险的产生与地方政府的行为模式息息相关，而地方政府的行为又常常受到相邻地区政府的影响和上级政府的干预，这很有可能造成风险的空间溢出。

1. 政府间学习模仿传导

距离相近或者禀赋相似的地方政府具有相同的发展激励，发展更好地区的行为模式常常被周边地区所学习模仿，这种学习模仿是把"双刃剑"，地区政府出于发展需要有时会干预信贷投放，使其向有利于政府融资的方向发展，这客观上会造成财政风险金融化，从而导致交互风险的积累，而这种行为模式在相邻地区间被广泛地学习模仿，导致风险转移与分散。

2. 区域内协同发展传导

我国有制定区域协同发展战略的传统，对于区位或地位相同的地方，中央政府或者上级政府制定相仿的发展方略，使得地方政府间形成相似的行为模式，这种行为模式在快速发展时期会形成合力，助推整个区域快速发展，但同时也为同质风险的积累创造了条件，极易造成交互风险在相邻地区集中爆发。①

二　金融机构间的风险空间溢出

我国以银行为代表的金融机构层级森严，分支机构众多，相互之间资金往来密切，当其分支机构进入地方辖区时，其目标函数会受到环境的影响，与同业机构或地方政府形成错综复杂的债权债务关系，从而导致交互风险的空间溢出。

1. 资产负债表传导

我国金融体系内部的市场主体存在关联度高的特点，金融机构业务往来密切，人员流动频繁，这些直接或者间接的关联促使不同区域的金融机构形成了发达的金融网络，这个网络保证了金融体系的良好运转，但客观上也在金融系统内部形成了复杂的债权债务关系，使得机构间的风险关联不断加大，在防火墙机制并不完善的情况下，某一地区的金融体系出现流动性问题时，很快就会转移并危及与其存款、信贷和支付往来密切的相邻区域，引发广泛的区域间金融风险连锁反应。

---

① 刘云中：《改革开放以来我国区域发展战略的逻辑演进》，《经济纵横》2018年第10期。

2. 共同债权人传导

共同债权人理论指出共同债权人的存在会增加风险传递的可能性。在我国金融体系中商业银行就扮演着共同债权人的角色。某一地区的商业银行分支机构发生危机，由于信息不对称，上级决策人很可能会出现非理性预期和恐慌的心理状态，为保持本级银行资本充足率和预期收益率的要求，防止出现资产贬值和客户挤兑的情况发生，其往往会寻求在其他地区出售未缩水的资产，并控制贷款规模，重新评估高风险项目，从而改变了整个区域的信贷策略，一旦形成规模效应，会导致整个区域的资本投放状况突然恶化，造成局部风险全局化。

基于以上分析，本书认为交互风险存在空间溢出的可能性，之后将在已有的理论框架内进行空间计量分析，找到交互风险的具体作用机理。

第三节 模型设计和变量选取

根据第一节的数理证明和第二节的理论假设，本节构建了地级区域交互风险影响经济增长的动态空间面板模型：

$$\ln PGDPG_{it} = \tau \ln PGDPG_{i,t-1} + A\omega_i RLS_t + B\omega_i RFP_t + C\omega_i RLD_t + x_{it}\beta + \omega_i X_t \delta + u_i + \varepsilon_{it} \quad (6-13)$$

其中，i 为地级行政区域，t 为年份，ω_i 为空间相邻矩阵 W 的第 i 行；x_{it} 表示解释变量，β 表示其系数向量；$\omega_i X_t \delta$ 表示解释变量的空间滞后；u_i 表示个体效应；ε_{it} 表示扰动项。解释变量和被解释变量的内涵和具体计算方法如下。

一 被解释变量

选取人均 GDP 增长率作为衡量经济增长的指标，对其进行对数化处理。

二 解释变量

$\ln PGDPG_{i,t-1}$ 是被解释变量 $\ln PGDPG_{it}$ 的一阶时间滞后。依据既有的研究[①]，中国各地区的人均真实 GDP 增长具有延续效应，τ 表示其系数向量。

RLS_t 是地方政府债务期限结构风险。[②] 以三年为限，三年以上（含）属于长期债务，三年以下属于短期债务，用短期债务金额比总债务金额得到 RLS_{it}，该比值会通过影响实际利率影响经济增长，显而易见，该比值越大说明政府短期内债务负担越重。A 表示其系数向量。

RFP_t 是地方政府融资平台过度融资风险。用平台融资总额与公共部门资产总额的比值来衡量。RFP_t =（融资平台融资额）/（预算内资金 + 贷款 + 债券 + 外资 + 自筹 + 其他资金），分子是政府财政报告中地方政府融资平台的融资总额；分母是地方政府的一切资产来源，既包括预算内资金也包括预算外资金。该比值越大，说明该地区政府支出对平台融资的依赖越强，越容易出现过度融资的风险。B 表示其系数向量。

RLD_t 是中小企业贷款难风险。用规模以上企业信贷额与地区信贷总额的比值来衡量。该值越大则该地区中小企业贷款越难。D 表示其系数向量。

地方政府债务期限结构风险、地方政府融资平台融资过度风险和中小企业贷款难风险同时出现时会形成交叉风险，产生巨大破坏力，因此本书引入了三者间的两两交互项 $RLS_t \times RFP_t$、$RLS_t \times RLD_t$、$RFP_t \times RLD_t$ 和共同交互项 $RLS_t \times RFP_t \times RLD_t$ 来探索风险同时发生时

[①] 刘勇政、冯海波：《腐败、公共支出效率与长期经济增长》，《经济研究》2011 年第 9 期；郑世林、周黎安、何维达：《电信基础设施与中国经济增长》，《经济研究》2014 年第 5 期。

[②] 牛霖琳、洪智武、陈国进：《地方政府债务隐忧及其风险传导——基于国债收益率与城投债利差的分析》，《经济研究》2016 年第 11 期。

对经济增长的影响。

其他控制变量：根据经济增长理论模型假设和相关学术研究经验，本书增加以下控制变量：资本增长率（cg）、劳动力增长率（lg）、经济开放度（eo）以及政府消费支出（gcs）。其中资本增长率和劳动增长率分别用地区新增固定资产投资增长率和劳动就业人口增长率来表示；经济开放度用地区进出口总额占 GDP 比重来表示；政府消费支出用政府消费性支出（不含科教文卫支出）占 GDP 的比重来表示。①

本书的原始数据来源于 EPS 城市数据库、国泰安数据库，采集自历年《中国统计年鉴》《中国人口统计年鉴》《中国金融统计年鉴》《中国劳动统计年鉴》以及各地区统计年鉴。

第四节　交互风险影响因子的判定

本节对上文理论分析和数理推导得出的风险影响因素进行判定，决定其是否可以作为解释变量加入最终的空间分析模型。首先，判定解释变量之间是否存在多重共线性现象，检验结果如表 6 – 1 所示，VIF 表示方差膨胀因子，其表达式为 $VIF_k = \dfrac{1}{1 - R_k^2}$，其中 R_k^2 是指将第 K 个解释变量作为被解释变量，用其他解释变量对其进行拟合得到的拟合系数，R_k^2 越大则多重共线性越严重，一个经验规则是当 VIF 超过 10 则判定存在多重共线性，可以看出，地方政府债务结构风险与地方政府融资平台风险的交互项和地方政府融资平台风险和中小企业贷款难的风险交互项的 VIF 均大于 10，其他变量的 VIF 小于 10，且平均为 2.32，远小于 10，因此剔除 $RLS_t \times RFP_t$、

---

① 陆铭、陈钊：《分割市场的经济增长——为什么经济开放可能加剧地方保护？》，《经济研究》2009 年第 3 期。

$RFP_t \times RLD_t$ 两个变量。

表6-1　　交互风险影响经济增长模型的方差膨胀因子判定

变量	VIF	1/VIF
rlsrfp	52.85	0.02
rfprld	44.86	0.02
rfp	6.28	0.16
rlsrld	3.73	0.27
rld	2.70	0.37
rlsrfprld	2.53	0.39
rls	2.11	0.48
gcs	1.72	0.58
eo	1.05	0.95
lg	1.03	0.97
lpgdpg	1.02	0.99
cg	1.00	1.00
平均VIF	2.32	—

其次，为防止估计偏误，用剩下的变量对被解释变量进行估计，进行异方差检验，图6-1显示被解释变量与估计残差值的效果图，可以看出，除去个别极端值外，残差值基本围绕0对称分布，又进行了怀特检验，P值显著为0，因此判定不存在异方差现象。同时进行面板数据自相关检验，发现F值为63.92，判定不存在自相关问题。

最后，需要进行模型选择，本书分别用混合估计、固定效应、双向固定效应和随机效应对277个地级行政区域2001—2016年的面板数据进行检验，结果如表6-2所示，发现对固定效应模型的原假设"$H_0: all\ u_i = 0$"的F值为63，P值为0，强烈拒绝，固定效应回归明显优于混合回归；随后进行随机效应模型的个体效应LM检验[①]，其原假设为"$\sigma_u^2 = 0$"，结果显示chibar2（01）=139.32，P值为0，说

---

① Breusch, Trevor S., Adrian R. Pagan., "The Lagrange Multiplier Test and its Applications to Model Specification in Econometrics", *The Review of Economic Studies*, 47 (1), 1980: 239-253.

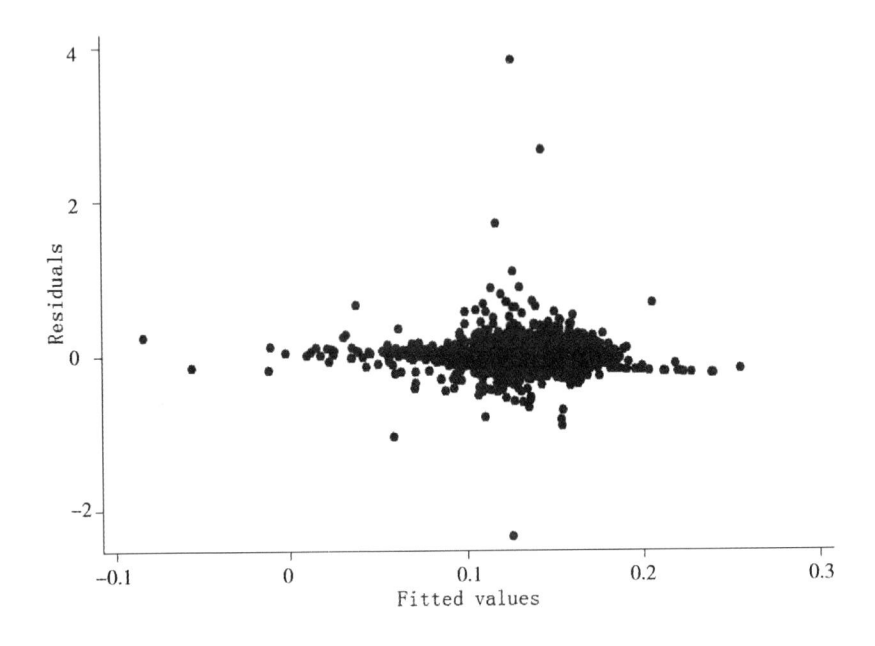

图 6-1　交互风险影响经济增长模型的残差分布

明原模型中应该有一个反映个体特征的随机扰动项 u_i，遂随机效应模型好于混合估计；为从固定效应与随机效应中做出选择，进行豪斯曼检验，结果发现 chi2（8）=125.36，p 值为 0，强烈拒绝原假设"H_0：u_i 与 x_{it} 不相关"，所以最终选择固定效应模型。

表 6-2　　　　　　　交互风险影响经济增长模型的效应判定

解释变量	POOLED	固定效应	双向固定效应	随机效应
lpgdpg	0.24368***	0.210***	0.0586**	0.105**
rls	0.004**	0.18631*	0.14141*	0.12184*
rfp	0.0734**	-0.004**	0.0018**	0.002
rld	0.045*	0.0757***	0.0217**	0.0367***
rlsrld	-0.059*	-0.001*	-0.003	0.0225**
rlsrfprld	0.0012	-0.0296***	-0.013**	-0.0295*
cg	0.0346**	0.0008*	0.0007	0.0006*
lg	-0.026**	0.0300***	0.18278	0.0173
eo	-0.4402***	-0.045*	0.0092**	-0.013***

续表

解释变量	POOLED	固定效应	双向固定效应	随机效应
gcs	0.1332*	-0.3990*	0.2964	-0.2201
year2	—	—	-0.002	—
year3	—	—	0.10937***	—
year4	—	—	0.06054**	—
year5	—	—	0.05931**	—
year6	—	—	0.10343***	—
year7	—	—	0.09578**	—
year8	—	—	0.0059**	—
year9	—	—	0.09238	—
year10	—	—	0.09060**	—
year11	—	—	0.0175***	—
year12	—	—	-0.003	—
year13	—	—	-0.007	—
year14	—	—	-0.0670	—
year15	—	—	-0.0595***	—
year16	—	—	-0.001**	—
_cons	0.404***	0.0497***	0.03334***	0.0666***
R^2	0.202	0.380	0.331	0.354

注：***、**和*分别表示在1%、5%、10%的显著性水平上显著。

为考察时间因素对模型估计产生的影响，在固定效应模型中定义年度虚拟变量，其中2001年被作为基期，其系数包含在常数项之中，模型给出2002—2016年15年间年份系数影响，结果发现其中大部分年份是显著的，而且其系数在2001—2011年一直为正，但从2012年开始变成负数，之后一直为负，为此本书决定在原模型中引入一个新的虚拟变量D作为年份的影响特征，其在2012年前为0，在2012年（含）后为1。

第五节　交互风险的空间相关性检验

在判定交互风险影响因子后，本书要验证影响因子是否符合空间溢出效应存在的假设，为此通过对风险指标进行直观分析和数理统计两种方法进行检验。

一 交互风险空间相关性的直观检验

将原始数据计算获得的风险指标与全国地级区域相关联，运用Arcgis软件10.4得到风险指标在全国地级区域的色块分布，观察各类风险积累状况，直观考察其空间相关性。

1. 地方政府债务期限结构风险

选取2001年、2006年、2011年和2016年四个年份的地方政府债务期限结构风险进行考察。2001年全国的地级政府债务期限结构风险比较平均，只有山西省、河南省和广东省形成风险集中区域，其他区域风险较小；2006年，期限结构风险成片分布，黑龙江省、四川省和陕西省均形成风险高地；2011年，情况略有好转，只有部分地市风险高企，其中包括巴中市、武威市、乌兰察布市、伊春市和安康市；2016年，虽然风险集中度开始减弱，但是次级风险积累非常严重，我国中东部地区全境处于债务期限结构风险高位。

2. 地方融资平台过度融资风险

2001年是融资平台过度融资风险表现比较集中的一年，东部和中部多个地区表现出风险高企；2006年风险表现比较平稳，除北京市、上海市和广州市等地风险较高外，并没有出现成片分布趋势；2011年，北京市、上海市和深圳市风险依旧保持高位，吕梁市、乌鲁木齐市、太原市等内陆城市的风险也出现显著提升，但是整体风险状况走低；2016年的情况与2011年相比变化不大，排名靠前的几个城市为：阜新市、深圳市、上海市、沈阳市、大连市、北京市、铁岭市和双鸭山市，东北部分城市的平台过度融资问题开始显现。从整体来看，地方政府融资平台过度融资风险在全国范围内普遍存在，在大城市特别是特大城市表现尤为明显。

3. 地方中小企业融资难风险

2011年地方中小企业融资难风险比较平稳，只有陕西省金昌市、山西省太原市和贵州省六盘水市风险较为突出；2006年风险开始呈现成片区分布，以东北地区、中部地区和南部沿海地区尤为严重；2011年，情况没有太大变化，总体风险程度略有下降，但河南周口市的风险排名一直很高；2016年与2011年情况相似，风险最高前五名地市为：周口市、铁岭市、绥化市、辽源市和玉林市，其中东北三省各有一市，共占据三席。

4. 地方政府债务期限结构与中小企业融资难交互风险

2001年地方政府债务期限结构与中小企业贷款难同期风险在各地市之间比较平稳，只有陕西省金昌市较为突出，因其中小企业贷款难风险特别严重；2006年，地方政府债务期限结构与中小企业贷款难同期风险逐渐显现，在黑龙江省、河南省、湖南省、陕西省与四川省境内形成集中分布；2011年，情况与2006年基本相同，但是次级风险区域明显增加，西南片区风险显现；2016年，风险排名前五的地市为：绥化市、周口市、双鸭山市、齐齐哈尔市和伊春市，其中除周口外全部位于黑龙江省。

5. 三种风险交互风险

2001年三类风险的同期风险在中部地区比较严重，其中以黑龙江省、河北省、河南省和江西省分布比较集中；2006年的情况较2001年略有好转，区域性风险分布基本消失，只有黑龙江省呈现风险集聚分布；2011年，三者同期风险在全国范围内基本消失，唯一的深色区域出现在山西省吕梁市，主要由于融资平台过度融资风险高企；2016年，风险集中于黑龙江东部地区和辽宁部分地区，其中风险最高的五个地市为：阜新市、铁岭市、双鸭山市、鹤岗市和葫芦岛市，全部位于黑龙江省和辽宁省。

归纳总结以上各种风险分布的特征可以发现一条普遍规律，风险基本上呈现出成片分布和区域集中的特点，也就是当某地区风较为突出时,其周边地市也会呈现出高风险态势,由此本书判断金融财政风险具有空间相关性。

二 交互风险空间相关性的莫兰检验

通过第二节的理论分析和第五节第一小节的直观显示,本书认为财政金融交互风险中存在空间相关性,风险的传导与扩散很有可能与地市的相邻关系与距离远近有关,为证实这个假设,本书需要进行空间相关性的莫兰检验,其表达式为:

$$\text{Moran's I} = \frac{\sum_{i=1}^{277}\sum_{j=1}^{277}\omega_{ij}(Risk_i - \overline{Risk})(Risk_j - \overline{Risk})}{S^2\sum_{i=1}^{277}\sum_{j=1}^{277}\omega_{ij}}$$

(6-14)

这里的 S^2 是样本方差,ω_{ij} 是全国地级行政区域相邻矩阵 W 的第 i 行和第 j 列元素。Moran's I 通常介于 -1 到 1 之间,正值为正相关,即一般意义上的高值相邻和低值相邻;负值说明为负相关,即高低值交错相邻;近似为 0 则说明空间分布随机。

本书对 2001—2016 年 16 年间 277 个地级地方政府债务期限结构风险、地方政府融资平台过度融资风险、中小企业贷款难风险和通过检验的其他交互项进行检验,结果如表 6-3 所示。

表 6-3　　　　　　交互风险空间相关性的莫兰检验

年份	莫兰指数 I (Moran's I)									
	RLS		RFP		RLD		RLSRLD		RLSRFPRLD	
	I	z (P)	I	z (P)	I	z (P)	I	z (P)	I	z (P)
2001	0.11	4.74	0.20	8.46	0.03	1.58 (0.114)	0.06	2.888	0.15	6.56
2002	0.21	9.09	0.18	7.63	0.15	6.78	0.22	9.30	0.34	14.36
2003	0.18	7.88	0.24	10.09	0.21	8.70	0.26	10.86	0.48	20.31

续表

莫兰指数 I (Moran's I)

年份	RLS I	RLS z(P)	RFP I	RFP z(P)	RLD I	RLD z(P)	RLSRLD I	RLSRLD z(P)	RLSRFPRLD I	RLSRFPRLD z(P)
2004	0.25	10.70	0.17	7.23	0.23	9.65	0.28	11.67	0.45	18.86
2005	0.27	11.49	0.09	3.98	0.04	4.29	0.07	5.97	0.09	9.57
2006	0.29	12.42	0.06	2.707	0.22	9.41	0.29	12.21	0.30	12.71
2007	0.30	12.48	0.10	4.16	0.22	9.19	0.28	11.55	0.24	10.26
2008	0.31	13.27	0.14	6.04	0.20	8.50	0.25	10.39	0.22	9.40
2009	0.35	14.70	0.19	8.25	0.20	8.35	0.26	10.94	0.25	10.60
2010	0.31	12.97	0.50	20.91	0.07	5.56	0.01	1.099 (0.272)	0.18	7.96
2011	0.40	16.58	0.17	7.38	0.20	8.53	0.25	10.66	0.17	8.25
2012	0.38	15.67	0.13	5.83	0.18	7.49	0.24	9.99	0.07	3.42
2013	0.36	14.91	0.18	7.92	0.13	5.51	0.22	9.04	0.31	13.20
2014	0.37	15.33	0.18	6.24	0.15	6.47	0.23	9.80	0.17	8.16
2015	0.33	13.83	0.17	7.40	0.15	6.54	0.23	9.59	0.37	16.64
2016	0.36	14.85	0.42	17.61	0.16	6.94	0.25	10.39	0.51	22.26

从表 6-3 中可以看出，莫兰 I 值全部为正，说明地市间各种风险存在正相关关系，除 2001 年的中小企业贷款难风险和 2010 年的政府债务期限结构与中小企业贷款难交互风险外，其他年度的各类风险都在 1% 的置信区间内显著。随后本书对模型中每个年度和地市的残差 ε_{it} 进行了空间自相关检验，结果发现其中仍然存在正向影响，说明式（6-15）遗漏了对空间外溢性的估计，因此在式（6-15）的基础上引入式（6-16）得到新的方程组：

$$\begin{cases} \ln PGDPG_{it} = \tau \ln PGDPG_{i,t-1} + \gamma \omega_i Risk_t + \rho d + x_{it}\beta + \omega_i X_t \delta + u_i + \varepsilon_{it} \\ \varepsilon_{it} = H m_i \varepsilon_t + \sigma_{it} \end{cases}$$

(6-15)

(6-16)

其中，γ 是五种风险的空间滞后项系数列向量，d 是年份的虚拟变量，2011 年（含）之前为 0，2011 年之后为 1，ρ 是其系数，其他变量与系数的解释与上文一致。W 矩阵只考虑了地市的相邻关系，没有考虑距离对空间外溢产生的影响，我国幅员辽阔，地级行政区域的分布表现各异，河北石家庄市和保定市与西藏阿里地区和新疆和田地区虽然均为相邻关系，但相邻关系的经济距离却存在巨大差异，相互间的辐射与溢出效应显著不同，如果只考虑相邻关系，其他关系很可能就被遗漏到扰动项中，造成估计的偏差[①]，式（6-16）中的 ε_t 代表同一年度其他地级行政区域的扰动项，m_i 是扰动项空间权重矩阵 M 的第 i 行，代表 i 市与其他地级行政区域距离的标准化，即两地行列交汇处为两地几何中心距离（同一地区交汇处为0）的标准化，H 是其系数，σ_{it} 为残差项，在加入新的权重矩阵 M 后重新对模型进行回归，此时 σ_{it} 成为白噪声，说明在引入式（6-16）后，残差项中不存在其他空间遗漏项。

第六节　交互风险及其溢出风险影响经济增长的模型结果分析

上述过程找到了影响经济增长的财政金融风险因子，并且证明了各类风险存在空间相关性，下文将式（6-15）与式（6-16）代入空间杜宾模型进行分析，结果如表6-4所示。

表6-4　　　　　交互风险影响经济增长模型的估计结果

解释变量		模型1	模型2	模型3	模型4	模型5
本地变量	空间滞后					
lpgdpg		0.097***	0.077***	0.045***	0.045**	0.118***
Rls		-0.061**	-0.094*	-0.106***	-0.124**	-0.014
Rfp		-0.012***	-0.059*	-0.007***	0.008*	-0.001

[①] 赵良仕、孙才志、郑德凤：《中国省际水资源利用效率与空间溢出效应测度》，《地理学报》2014年第1期。

续表

解释变量		模型1	模型2	模型3	模型4	模型5
本地变量	空间滞后					
Rld		-0.040*	-0.024	-0.063***	-0.024	-0.038
Rlsrld		—	—	—	-0.124**	-0.019
rlsrfprld		—	—	—	-0.001	-0.177**
Cg		0.001	0.052	0.047**	0.048*	0.054*
Lg		0.280***	0.190**	0.144**	0.159**	0.362***
Eo		0.024	0.047	0.025*	-0.021	0.036*
Gcs		0.341***	0.209***	-0.002	0.025*	0.835***
D		-0.069***	-0.066***	-0.049***	-0.050***	-0.068***
_cons		0.039	-0.198**	0.037*	0.007	-0.396***
	L.rls	-0.039***	—	—	—	—
	L.rfp	—	-0.022***	—	—	—
	L.rld	—	—	-0.031***	—	—
	L.rlsrld	—	—	—	-0.042***	—
	L.rlsrfprld	—	—	—	—	-0.076***
Spatialrho		0.252***	0.157***	0.151***	0.151***	0.256***
R^2		0.389	0.361	0.418	0.463	0.379

注：***、**和*分别表示在1%、5%、10%的显著性水平上显著。

表6-2与表6-4显示了引入空间滞后变量前后模型估计的结果，观察可以发现，加入空间变量后，模型的拟合效果有显著的提升，证实了金融财政风险具有空间相关性的假设。下面对各个模型不同变量的显著性表现进行分析。

模型1是包含地方政府债务结构风险空间滞后项的回归结果，其中本地变量中不含三种风险的交互项。空间溢出效应为0.252，且在1%的置信区间内显著，说明该模型存在空间溢出性，本地变量中人均GDP增长率一阶滞后、资本增长率、劳动力增长率、经济开放度和政府消费支出的系数都为正，符合经济学预期，但资本增长率与经济开放度的系数较小且均不显著，分析可能被空间溢出效应所掩盖。地方政府债务期限结构风险、地方政府融资平台过度融资风险和地方中小企业贷款难风险系数为负，且至少在

10%的置信区间内显著。年份的虚拟变量系数为负,且非常显著,说明2011年之后经济增长速度有一个天然下降被d变量所记录,保证了其他变量系数的准确性。核心变量地方政府债务期限结构风险的空间滞后变量显著为负(-0.049),其经济学含义为某地地方政府债务期限结构风险较高会减缓周边地区经济增长速度,其主要原因有两点:一是基础设施建设缺位。基础设施建设贷款属于地方政府的长期债务,当地方政府暂时性周转不灵或者财务状况恶化时,为弥补短期债务缺口不得不减缓本地区基础设施建设速度,导致周边经济增速放缓;二是区域产业协同发展失效。区位相同的地区容易形成产业链条结构,相邻地方政府会根据本地区特点扶持重点产业,这种扶持通常需要持续五到十年,一旦地方政府出现短期财务困难,扶持资金缺位,则很有可能影响产业链上下游行业,导致区域协同作用减弱,影响周边地区经济增速。

模型2是包含地方政府融资平台过度融资风险空间滞后项的回归结果,同样本地变量中不含交互项。模型的空间溢出效应为0.157且非常显著,说明该模型存在空间溢出性,其他变量系数显著性与模型1相似,核心变量地方政府融资平台过度融资风险的空间滞后变量显著为负(-0.022),其经济学含义为某地地方政府融资平台过度融资风险较高会减缓周边地区经济增长的速度,具体有以下两种途径:一是融资平台过度融资模仿作用。上文证明地方政府有进行过度融资的倾向,容易形成相互攀比的风气,攀比带来本地区政府平台融资规模随着周边地区的上升而上升,从而挤占大量社会融资需求,影响区域经济发展速度;二是土地财政收入挤占作用。地方政府融资平台进行融资需要土地财政作为担保,但在一定区域内土地的需求和供给相对稳定,低价博弈会损害区域整体土地财政收入,影响周边地区经济增长速度。

模型3是包含地方中小企业贷款难风险空间滞后项的回归结果。其中人均GDP增长率的时间滞后项和三种本地风险的系数均在1%的置信区间内显著，模型的空间溢出效应为0.151且非常显著。核心变量地方中小企业贷款难风险的空间滞后变量显著为负（-0.031），其经济学含义为某地中小企业贷款难风险较高会减缓周边地区经济增长的速度，作用途径有以下两种：一是中小企业对周边地区信贷的挤占。资金是企业发展的推动力，中小企业的健康发展离不开信贷资金的支持，如果一个地区的中小企业存在贷款困境，为自身发展生存需要，只能向周边地区寻求信贷支持，造成对周边地区信贷的挤占；二是企业供需或担保关系的传导。相邻地区企业间存在相互依存的利益瓜葛，有上下游的产业供需关系，也有相互合作担保的共生关系，当其中某地的信贷市场出现状况，导致中小企业资金紧张，势必会对上下游或合作企业造成冲击。①

模型4是包含地方政府债务期限结构与地方中小企业贷款难风险交互项的空间滞后回归结果。其中本地变量中既包含三种独立的风险也包含其交互项，结果显示空间溢出效应为0.151且非常显著，表明该模型存在空间相关性，而且该模型的R^2为0.463，是五个模型中解释能力最强的，但地方中小企业贷款难系数和三种风险交互项系数均不显著，推测其均被地方政府债务期限结构与地方中小企业贷款难风险交互项的空间滞后所掩盖。核心变量rlsrld和L.rlsrld的系数分别为-0.124和-0.042，均在1%的置信区间内显著，其经济学含义为二者交互风险的积累会减缓本地和周边地区的经济增长速度。通过观察可以发现，rlsrld的系数超过前三个模型中任意风险的系数，说明叠加风险对于本地经济增长的影响程度大于单一风险，地方政府短期债务负担过重的潜在影响就是政府挤占大量银行信贷资源，挤压企业贷款空间，造成中小企业贷款难，中小企业融资困难反过来又会产生企业经营紧张，

---

① 赵坚：《中国经济增速下降的原因与应对选择》，《北京交通大学学报》（社会科学版）2016年第2期。

缴税能力减弱和产业工人失业等问题,给地方政府造成短期财政压力,短期债务负担更加沉重,形成恶性循环。① 恶性循环的形成又通过风险传导网络不断扩散,由模仿效应、贸易依存和产业链条多种渠道影响周边地区,造成区域性经济减缓,最终出现 L. rlsrld 系数显著为负。

模型 5 是含有三种风险共同交互项的空间滞后回归结果。R^2 为 0.379,空间溢出效应为 0.256,其本地风险变量中仅有三种风险交互项较为显著,且系数很大,其他风险均被三种风险交互项的本地影响与空间滞后所覆盖。核心变量 rlsrfprld 的系数为 -0.177,在 5% 的置信区间下显著,三者叠加的风险系数超过了之前所有风险系数,充分说明了其破坏力之强,地方政府在一段时期内进行了高密度的投资行为,导致短期内还款压力变大,资金来源不足,逼迫其以税收和土地作为担保利用融资平台融资,而过度的政府投融资行为会干扰本地区金融市场正常运行状态,挤占社会投资份额,影响地区经济发展,而发展速度的减缓又倒逼政府不得不继续增加政府开支,银行业不得不继续释放流动性,部分行业出现产能过剩,部分产业出现投资不足,结构调整、政策消化相互影响导致内需不足、外需有限,进而经济增长速度受阻,产生恶性循环。与此同时,核心变量 L. rlsrfprld 也达到了模型中风险滞后效应的峰值 (-0.076),叠加风险受到地区间金融机构的资产负债表传染机制、共同债权人传导机制和地区间财政领域的相互模仿机制、产业协同机制的共同作用,在区域内不断扩散传播,影响整个区域的经济增长速度。

---

① 韩文龙:《资本积累:信用扩张与资本主义经济危机》,西南财经大学出版社 2018 年版。

第七章

国外防范化解双风险的经验做法探析

随着经济全球化的大势所趋,各国经济的关联度不断提升,在很大程度上促进了各国经济水平的全面提高,但与此同时,金融财政风险的相互传染扩散也变得日趋严重,始于美国的次贷危机,重创了整个世界的金融系统,使很多大型金融企业濒临破产,众多跨国企业陷入困境,实体经济受到严重波及。危机爆发后很多经济体都采取宽松的财政货币政策,以期经济尽快复苏,并为此进行大规模举债,主权债务危机开始爆发,严重减缓全球经济的复苏进程。从早期的冰岛、阿联酋,到后来的美国、日本,风险不断蔓延,世界经济显现出被财政危机带入新一轮衰退的趋势。[1]在这样的背景下,本书对美国、英国、日本、韩国四个国家金融财政风险管理经验进行比较分析,总结经验教训,为我国防范与化解交互风险提供参考。

---

[1] 胡绪华、陈丽珍、胡汉辉:《危机性产业衰退的内涵、传导效应及其应对思路研究》,《经济学家》2015年第6期。

第一节 美国防范化解双风险的经验做法

美国是世界上最大的经济体，拥有世界上最发达的金融体系和最庞大的政府财政支出，在应对金融财政风险方面有丰富的经验。

一 美国金融风险防范化解实践

次贷危机的爆发使美国政府意识到金融监管领域的缺位，金融监管领域的补位成为美国政府危机后的首要任务。

1. 出台金融监管政策法规

2007年次贷危机爆发前，美国金融监管所遵循的是《金融服务现代化法案》该法案允许商业银行从事不在负面清单范围内的投资银行业务并开展混业经营，而负面清单是在1933年制定的，在金融创新如此发达的21世纪，这项法案已经失去了禁止性意义。危机爆发后，美国最高法院于2010年颁布了《多德弗兰克金融改革法案》（《华尔街改革与消费者权益保护法》），同时制定了"沃尔克规则"，对商业银行所涉及业务进行明确的规定和严格的限制。从危机前后的监管对比来看，监管理念从微观审慎转变成宏观审慎，强调关注整个金融系统运行的风险而不仅限于个体机构的风险。监管力度也有显著提升，注重政府监管机构之间的协调与配合，强调对资本充足率的监管。

2. 成立新的金融监管机构

危机之后美国政府创立了两个新的委员会，金融稳定监督委员会和大型机构监管协调委员会。前者隶属于美联储，主要负责识别系统性风险隐藏点，维持金融稳定；后者则负责处理系统性风险，其确定了16家具有高破坏性金融机构的，它们被执行更为严格的监管要求，资本充足率、资本质量和风险管理都处于高压式的监控之下，可以说是以牺牲资本效率为代价的监管。

3. 降低金融机构杠杆率

降低金融机构杠杆率，从质量和数量两个方面提升权益在风险权重资产中的比例。目前国际上通行的监管框架是巴塞尔协议Ⅲ，美联储提出更高的要求，要求定期监督检查系统性重要金融机构的风险权重，限制其从事威胁金融稳定的业务，每年参加压力性测试和综合流动性分析审查，并向公众公布结果，一旦数据出现异常，美联储立即查明经营管理中出现的问题。

4. 建立破产有序清偿制度

雷曼兄弟的破产警醒美国，让政府意识到面对大型金融机构破产危机，政府部门只能在救助和放弃之间作出选择，而这两个选择都会对金融系统造成广泛而深远的影响，因此必须建立起有效的破产清偿制度来防止大型金融机构"大而不倒"带来的风险。《多德弗兰克金融改革法案》进行了制度设计，为防止大型金融机构的破产损失由纳税人分担，法案规定破产损失经过专业评估后由其他大型机构共同承担。另外，系统性重要金融机构每年在出具资本充足性证明的同时，还需要出具审慎决策报告和破产拆分报告，做到无论经营状况好坏，都必须有足够的自有资本来支付风险损失。

二 美国地方财政风险防范化解实践

与我国地方设置省市分级的方式相似，美国采取州郡地方政府设置形式，因此两国地方政府之间的数量和体量相仿，开展财政活动的一致性较强，美国地方政府的财政风险防范工作开展时间较早，对我国来说具有一定的借鉴意义。

1. 规范地方政府债券发行

在美国，以政府信用和税收作为担保的地方政府债券叫作一般责任债券，由于政府对偿还一般责任债券具有无限责任，为实现发债的均衡性，全美有44个州在宪法或者法令中对一般责任债券规定限额。从实际发债情况来看，每年市政债券发行额占当年未到期债券余额的7%—21%。以2013年市政债券发行规模超过100亿美元的8个州进行分析，当年债券发行规模占未到期债券余额的10%左右，最低的伊利诺伊州7.79%，最高的新泽西州为11.26%，全美平均水平为9.33%[1]，这种限制很大程度上规避了地方政府盲目无序发债的风险。

2. 优化地方政府债务结构

以发债项目收益作为担保的地方政府债券叫作收益债券。2015年美国地方政府债务中，长期债券比例达到94.83%，其中的65%都是收益债券，这类债券发行遵循谁受益谁支付的原则，未来的收益人也将承担一部分偿还责任，因此债券的平均到期期限为17.7年，很大程度上缓解了地方政府的偿债压力，同时符合代际公平原则。与此同时，地方政府将大多数（85%）收益债券设置为可赎回债券，有利于地方政府根据自身发展状况合理调整财力分配，给债务赋予了提前赎回的可能性。[2]

3. 严格管理债务资金用途

财政风险大小取决于地方政府的偿债能力，而偿债能力归根结底取决于资金使用是否得当。[3] 美国联邦政府为地方政府一般债务规定了严格的用途限制。第一，支持各项公共服务，其中包括基础设施建设和科教文卫项目；第二，处理因财政收支周期错位或其他原因引起的财政资金周转问题；第三，促进本地区经济发展和居民福利，如工业园区建设、私人住房抵押贷款和学生贷款。对收益性债务明确发行目的和债务名称，将其与偿债资金来源严格挂钩，如机场债券的偿债来源是着陆费、加油费、场地使用费

---

[1] SIFMA US, 2014, Bond Markets Average Daily Trading Volume and Issuance in the US Bond Markets.

[2] 晏俊、许薇、杜小伟：《美国地方政府债务管理的经验及其对我国的启示》，《学习与实践》2015年第8期。

[3] 刘尚希：《财政改革、财政治理与国家治理》，《理论视野》2014年第1期。

等，学校债券的偿债来源是宿舍租住费和学费等。以上措施确保了地方政府的专款专用，很大程度上减少了挪用现象发生的风险。

4. 设置政府偿债保障机制

美国地方政府设有偿债准备金机制，当债务的违约风险突破上限值时，偿债准备金被激活，偿债准备金一般情况下为债务本金的 10% 或利息的 100%—120%，主要来源于政府信用溢价收入、债务人自有资金垫付或投资项目收益。为守住偿债的最后一道关卡，准备金仅能进行低风险投资，且投资期限不能长于债务期限。[①] 这种制度设计在很大程度上增加了政府债务安全性，客观上也增加了政府信用溢价，使政府在融资市场上有更大的自主权，产生良性循环。

第二节 英国防范化解双风险的经验做法

英国拥有世界上发展时间最早的金融市场体系和地方财政体系，在发展过程中积累了丰富的防范风险经验，虽然与我国的意识形态和国家体制不同，但是也有很多值得我国学习借鉴的方面。

一 英国金融风险防范化解实践

2008 年国际金融危机由美国爆发，随后波及世界金融体系，与美国金融体系联系紧密的英国金融业遭受重创，显示出其金融监管体系存在缺陷，因此英国政府从危机应对、监管框架、行业变革等多个方面对金融监管体系进行了深刻的变革。

1. 三方共治转向合并监管

1997 年开始，英国金融服务管理局开始作为独立的监管机构与英国财政部和英格兰银行共同承担金融监管工作，而 2008 年国

---

① 张志华：《美国的市政债券管理》，《经济研究参考》2008 年第 22 期。

际金融危机的爆发显示出这种三方共治模式的缺陷[①]，主要表现在两个方面，一方面宏观审慎风险监管缺位。金融管理服务局只承担着微观审慎监管职责，英格兰银行缺乏维护宏观金融稳定必要的政策工具，财政部缺乏运用财政资金处理潜在金融风险的授权，三者均没有处理宏观金融风险的能力。另一方面三方分治导致的决策信息不足。三个机构分别对各自领域负责，也不存在上下级隶属关系，这导致三者之间缺乏有效的信息共享机制，英格兰银行承担着维护宏观金融稳定的重要责任，却缺乏微观监管的信息支持和财政政策的配合，仅依靠货币手段严重制约其宏观审慎的管理效率。正是因为三方共治有上述这些缺陷，2012 年英国政府出台了《金融服务法案》，对金融监管体系进行大力改革，形成了"合并监管"的新体系，其中最主要的做法就是树立了英格兰银行在监管体系中的绝对核心地位，具体操作是：在英格兰银行内部设立了审慎监管局和金融政策委员会，分别负责宏微观监管；撤销原来的金融服务管理局，由新成立的金融行为监管局来接手金融服务行为的监管；金融政策委员会对审慎监管局和金融行为监管局负责。这样就将货币政策制定、宏观审慎监管和金融行业监督的职权全部赋予了英格兰银行，取得了三点好处。

第一，确立金融稳定目标。颁布于 1998 年的《英格兰银行法》指出：英格兰银行的目标之一是为保护和增强英国金融体系稳定性做出贡献。这一表述将英格兰银行在金融监管中置于非常尴尬的地位，其不得不谋求与金融服务管理局和财政部协同管理。2012 年的法案明确说明，英格兰银行作为英国的中央银行负责保护和增强全国金融系统的稳定性。英格兰银行拥有了法律规定的金融监管核心地位。

第二，加强金融稳定职能。英格兰银行新成立的金融政策委员

---

① 孙天琦：《金融业行为风险、行为监管与金融消费者保护》，《金融监管研究》2015 年第 3 期。

会拥有高于审慎管理局和金融行为监管局的指导地位，其主要职能包括：识别并评估英国金融体系的系统性风险，保持金融运行的稳定性；每年发布两次金融业发展报告，向公众公布金融业发展状况；在出现金融风险提示时，向审慎监管局和金融行为监管局发出采取必要措施的指令；拥有向财政部和英格兰银行提出监管建议并收到合理答复的权利。这四项职能体现出金融政策委员会超脱的地位，是金融监管集权的一种重要体现，赋予了金融监管相机决策的灵活性。

第三，明确金融监管职能。英格兰银行新成立的审慎监管局有效地弥补了三方分治时期对宏观审慎监管的缺位，其主要职责包括：审核、准许和终止吸收公众存款的机构资格，对开展泛银行业务的保险公司和投资银行进行审慎监管。一旦发现被监管机构的业务范畴超越所拥有的牌照权限，则立即暂停其营业，评估对金融稳定造成的负面影响，并展开追责。审慎监管局的设立是对英格兰银行金融稳定职责的重要补充，在很大程度上使央行摆脱了只能靠货币政策左右金融走向的窘境。

2. 建立监管沟通协调机制

2008年国际金融危机的爆发使英国政府认识到一个严重的问题，就是监管体系内部缺乏有效的沟通协调机制，因此建立畅通的联结体系成为金融监管体制改革的重点。《金融服务法案》以法律的形式明确了财政部、英格兰银行内部的审慎监管局和金融行为监管局之间的沟通协调背书制度，强化了各个监管机构之间的协作能力，具体建立了以下机制。

第一，微观主体协调机制。审慎监管局与金融行为监管局均为微观监管机构，二者的监管对象既有差别也有统一，审慎监管局对吸储机构、保险公司和规模以上投资公司进行监管，金融行为监管局除对上述机构的经营活动实施监管外，还需要对交易所、一般投资公司、基金管理公司和保险经纪公司负责，因此二者的监管对象属于包含关系，其中系统性重要金融机构所涉及业务比较繁杂需要二者进行双重监管，如何明确地划分各自职权范围，就需要建立完善的协调沟通机制。首先，二者之间建立履职备忘录，负责记录二者在进行共同监管时各自扮演的角色与负责的范围，每年共同对备忘录审查一次，及时对不合理的合作方式进行协调重塑；其次，建立二者与欧盟金融监管当局与其他国家监管当局的联系机制，规范区域范围内的微观监管准则，构建区域金融监管一体化；最后，再次明确审慎监管局与金融行为监管局的地位，当前者认为后者的监管行动可能危及国家金融稳定或造成被监管机构重大损失时，可以终止后者的监管权力，在二者协商一致时再做出最终的监管裁决。

第二，宏微观间协调机制。英国监管当局吸取金融危机前宏微观监管机构之间信息闭塞、沟通不畅的教训，要求作为宏观审慎管理机构的金融政策委员会在实施监管前，必须充分了解微观监管机构在各自职权范围内所做的工作，包括监管行为对金融市场发展造成影响的严重性评估。在监管时一旦出现影响金融稳定的相关问题，金融政策委员会具有最终裁量权，可以向两个微观监管局下达具有强制约束力的指示。

第三，危机应对协调机制。英国政府吸取金融危机应对不力的教训，认识到英格兰银行与财政部之间的沟通配合不足是导致政府危机时手足无措的重要原因，因此在《金融服务法案》中建立起政府部门间的危机管理协调机制，明确了危机时英格兰银行与财政部各自的职责。其中英格兰银行在危机时必须将有可能危及公共资金安全的潜在风险及时识别并通知财政部，并有权在得到反馈之前终止某一金融机构的支付功能，与此同时也可以根据财政部的授权向虽然存在风险但有救助余地的机构提供紧急流动性支持，以保证整个金融体系的安全。在危机爆发时，财政部有对金融机构行使"暂时国有化"的权力。

3. 提升危机应急处理能力

2008年国际金融危机在美国爆发，美国政府无力救助雷曼兄弟投资银行而任其破产，导致危机迅速蔓延扩散。英国金融行业早已暴露出流动性风险问题，美国的次贷危机刚好成为引爆炸弹的一根引线，当时英国的商业银行持有流动性资产占总资产的比重不足1%，多数银行存在资产证券化过度问题，2007年底，英国证券化负债占总负债的比重超过20%，危机的来临迫使证券化产品的流动性枯竭，银行同业拆借市场陷入停滞。[①] 在这样的背景下，英国政府采取了如下的举措。

第一，完善流动性管理制度。在危机发生后，英格兰银行及时调整流动性风险管理策略，在2009年10月由金融服务管理局制定并发布新的流动性管理制度，制度涵盖的对象包括涉及金融领域的所有企业。在质量管理方面，引入了强化后的压力测试，制订了危机紧急筹资计划，并将其纳入流动性风险管理体系。在数量管理方面，建立了拥有完善指标体系的监管流动性程序，并根据各类金融机构的特点，规定了不同的缓冲资产数量。

第二，建立特别处置机制。吸取了美国政府无力在短期内救助雷曼兄弟银行的教训，英国政府完善了危机应对举措。一是建立特别处置机制，2012年12月10日，英格兰银行与美国联邦存款保险公司联合颁布了全球系统性重要金融机构破产处理方案，严格限制将损失直接转嫁给纳税人的做法，采用"自上而下"的重组改革方案，由监管当局直接接手集团控股公司，清查账目，要求问题公司的股东和债务人分担损失，并责令高管为经营失败负责。二是加征银行税，这样做有两方面的好处，一方面可以促使商业银行减少负债，改变高杠杆的经营策略；另一方面也可以将这部分税收创造作为危机中的救助资金。银行税征税的门槛是负债200亿英镑，对象包括大型商业银行、抵押贷款协会以及在英国经营的外资银行分支，税基是负债总数，并结合业务范围设置了

---

① 李文红、刘丽娜：《危机前后资产证券化监管思路的重大转变及启示》，《金融监管研究》2016年第4期。

差异化税率。最初的税率设定为 0.05%，之后多次提高，目前已达到 0.13%。

4. 大力推进银行业改革

金融危机将金融行业存在的漏洞充分暴露：商业银行追求高利润盲目购买金融衍生品；投资者没有能力对银行实施有效监督；银行间关系过度紧密，结构错综复杂；"流氓式"金融机构"大而不能倒"问题严重影响政府决断。① 上述所有问题的核心在于过度膨胀的银行业形成影响经济发展的重大隐患，一旦危机发生唯一的办法就是向危机机构注入资金，道德风险问题随之产生。在这样的背景下，2012 年 6 月，英国财政部发布了银行业改革准则，具体措施有以下两点。

第一，隔离银行各类业务。其本质就是将风险高的投资银行业务和风险低的普通借贷业务进行分割，降低经营复杂性和救助困难度。一是要求零售银行具有独立的资产负债表，对自身经营行为负责；二是不允许零售银行在欧洲以外的任何地区提供金融服务；三是在满足安全性的前提下，要求零售银行提供简单的防风险对冲产品。

第二，提高资本抗风险能力。英国监管部门对本国系统性重要金融机构，如总部在英国的全球性银行和为英国提供关键金融服务的大型银行，实施更加严格的资本充足率要求，在《巴塞尔协议Ⅲ》的 7% 的基础上再提高 3 个百分点，持有的股权加债权占风险加权资产的比例不得低于 17%，以确保这些企业有足够的风险抵抗能力。②

二 英国地方财政风险防范化解实践

英国是欧美发达国家中单一集权财政体制的典型代表，各级政

---

① 王永钦、陈映辉、熊雅文：《存款保险制度如何影响公众对不同银行的信心？——来自中国的证据》，《金融研究》2018 年第 6 期。

② 何泽：《国际金融原理》，西南财经大学出版社 2018 年版。

府间的转移支付有稳定且清晰的运行方式，事权与支出责任的匹配度很高，这样的财政体制减少了央地两级政府间不必要的争议，中央政府根据支出责任绩效评估结果对地方政府进行奖惩，充分发挥了财政在管理地方事务中的作用，这种制度安排和运行机制对我国新时代防范财政风险具有借鉴意义。

1. 中央政府管理地方贷款

英国中央政府在管理地方债务领域具有丰富的经验，其明确只有强有力的制度规则才能从根本上约束地方政府债务增长，因此专门设立了债务管理办公室负责地方债务问题的处理，并形成有效的地方政府债务管理体系，具体做法有以下两点。

第一，设置债务管理办公室。由于英格兰银行既要承担货币管理责任又要承担金融监管责任，对国家债务的管理有心无力，因此1998年4月英国政府开始在财政部下设独立的债务管理办公室接替英格兰银行管理国家债务。债务管理办公室对地方政府的债务管理效果立竿见影，源于其所制定的多项政策：一是要求地方政府在既定的风险水平下尽量减少长期债务融资成本；二是通过中央政府的行政力量为地方政府的资本需求提供贷款；三是将公共部门或机构的资金纳入中央账户进行统一管理，上收地方政府直接控制账户的权力。

第二，建立债务管理体系。债务管理办公室向地方政府提供贷款的职能主要是通过英国公共工程贷款委员会具体操作，因此公共工程贷款委员会在危机中也扮演地方政府最后贷款人的角色，其发放的贷款主要用于地方政府公共项目，利率通常比英国国债稍高，但比其他融资方式低，因此地方政府建设公共项目时会首选这类贷款，也正是因为这个原因，英国中央政府可以将地方政府的贷款控制在债务管理体系内，随时测算和评估地方政府的债务状况。

2. 优化地方政府融资环境

在形成地方债务管理体系的同时，英国中央政府也非常重视对地方融资环境的改善，为解决地方政府融资难题，采取了如下办法。

第一，建立审慎融资系统。在长期的实践中英国政府意识到，严格管控地方政府债务虽然能够保证地方财政的低风险水平，但却不利于地方政府灵活地开展公共服务供给。2003年前，地方政府融资必须由中央政府审批，且设有上限，2003年后，英国颁布了《地方政府法案》，取消信贷审批制度，转而启用审慎资本融资系统，地方政府可以根据自身收入水平在审慎负担的范围之内进行借款，而无须获得中央政府许可，这大大加快了地方政府获取资金的速度，增加了使用资金的灵活性。[①]

第二，设立政府债券联盟。尽管中央政府在法律上给地方政府进行融资松绑，但国家公共工程贷款委员会发放的贷款利率较低，所以地方政府融资的首选仍然是中央贷款。2010年后，受到欧债危机影响，中央政府提供的贷款利率出现两次大幅度上升，这使得地方政府的财政遭受巨大冲击，很多经济条件好的地方政府开始通过政府信用发行地方政府债券，但英国大部分地区的地方政府无力承担高昂的发债成本，财政状况依然窘迫。在此背景下，英国地方政府协会开始建立地方政府联盟来发行地方政府债券，其要求参与联盟的地方政府按比例共同承担债券发行费用，并进行相互担保，因此这类债券的信用评级迅速提高，甚至达到了主权债券的级别，从而获得了大量低利率资金，债券融资在2010年之后也成为英国地方政府重要融资手段，占比达到20%左右。

3. 公私合作缓解财政压力

英国是最早尝试并推广政企合作模式的国家，其将这种合作模式称为"私人融资计划"，通过长时间探索与演进，英国不但通过合作模式解决了地方政府因财力不足而无法提供足够公共服务的

[①] 马蔡琛、隋宇彤：《预算制度建设中的财政预备费管理——基于国际比较的视角》，《探索与争鸣》2015年第10期。

问题，还在特殊时期反哺社会资本，帮助他们渡过难关。

第一，创立政企合作模式。英国政府很早就发现仅依靠政府的财政能力很难带来足够的融资空间，1992 年就开始引入"私人融资计划"。"私人融资计划"的融资流程是：政府部门提出公共服务需求清单，然后通过招投标方式将项目的特许经营权转交给私营部门，并要求在特许经营期结束时将所经营的项目归还政府，私营部门则要求政府部门支付费用以收回成本。可以说这种模式是 PPP 项目最早的实践。其主要特点有：一是节省了地方政府直接建设公共设施成本，转变为购买固定资产提供的公共服务；二是完善地方政府和社会资本的风险共担机制，在财政的可持续性上具有明显的优势。

第二，地方财政反哺社会资本。英国的中央政府和地方政府均有权开展"私人融资计划"，截至 2021 年，英国共有 716 个"私人融资计划"，其中 686 个正在运作中，其投资总规模为 594 亿英镑，在英国公共财政支出有限的情况下，"私人融资计划"很好地弥补了公共基础设施供给的缺位。与此同时，为保持"私人融资计划"的可持续性，当社会资本在经济危机中遭遇重创时，地方政府也不惜动用自身财力救助私人融资项目，这也是政府对其前期为公共服务供给作出贡献的回馈。

第三节 日本防范化解双风险的经验做法

按照经济总量排名，日本仅次于美国和中国在世界上排名第三，其工业化起步很早，具备一整套成熟的现代化生产体系，经济与金融市场也取得长足进步。在经历过多次危机与衰退后，日本在金融财政领域不断地摸索改革，最终形成与日本国情相适应的经济运行体系，在防范金融和财政风险方面积累了大量经验。

一　日本金融风险防范化解实践

日本金融监管体系及审慎监管分工与中国略有不同，这也决定着两国在监管实施领域存在很大的差异，日本的监管体系呈现一体两翼形态，其中一体就是金融厅，两翼分别为独立的中央银行和存款保险机构。其中，金融厅是日本唯一的金融监管机构，负责各种牌照金融机构的业务监管，肩负保护存款人、投资人、保险人利益，保证金融体系良好运行的责任。其内部负责监管的部门有两个，分别是检查局和监督局，前者负责现场检查，后者负责非现场检查。日本的中央银行是日本银行，是政府特别核准设立的"认可法人"。其特殊性体现在直接对国会负责，主要工作是印发货币、管理货币、保障清偿、维护稳定。日本银行虽然在法律上并没有被授权对商业银行进行监督，但政府默认其有权对商业银行进行各类检查和监测。日本存款保险公司负责全国存款保险制度的制定与实施，是一个半官方性质的组织，这在各国的金融监管体系内比较少见。日本存款保险公司成立于1971年，其设立的目的就是在吸储性金融机构出现问题时对其客户提供后续保障。20世纪90年代后期，日本泡沫经济破灭后，其还曾向处于破产边缘的金融机构提供救助，并承担处理坏账的责任。这个体系通过宏微观监管支付清算系统等金融基础设施和扮演金融体系最终贷款人角色的方式来维护金融系统稳定。

1. 搭建双层金融监管框架

日本建立了上下两层金融监管的宏观审慎框架，其中下层为监管机构之间的平行协调层，上层为首相负责的危机应急处理层，二者之间有明确的分工关系。平行协调层中包括金融厅、财务省、日本银行和存款保险机构，其负责日常的宏观审慎监管，金融厅起到主导作用，其他机构配合金融厅工作，这种设置并没有跨部门的委员会来协调各部门的工作，而是组成金融厅为枢纽其他各部门相互联系的关系网络，运行效率很高。[①] 危机应急处理层实行首相负责制，属于非常态化管理机制，采取一事一议的运行方式，只在首相认定出现可能危及国家金融系统安全重大风险时才会启动，启动后首相召集金融大臣、财政大臣、央行行长、金融厅首长共同组成危机处理小组，小组成员在充分评估、充分研讨的基础上由首相决定最终的危机处置办法，其优先级高于日常监管的各项法令。

2. 明确监管体系核心角色

金融厅在日本金融业监管体系中扮演核心角色。金融厅成立之后，就修订了财务省制定的银行检查条例，逐步查清全国商业银行的不良贷款真实规模，并在内阁的配合下逐步将不良贷款从银行的资产负债表中剥离，化解了不良贷款危机，确立起以金融厅为核心的宏微观审慎监管体系，具体形式如下所示。

第一，金融厅具有监管特权。金融厅的首长享有日本职业官僚体系中最高级别的待遇，而且其任期不与内阁更迭同步，避免了在具体业务层面受到政府其他部门的行政干预。金融厅虽然成立时间较晚（1998年），但具有丰富的监管经验，其内部的职员轮岗制度继承和发展了大藏省的制度体系，目前金融厅的近2000名官员中，全部中高层官员和超过2/3基层官员都有在大藏省的任职经历。以上两点均为金融厅开展金融监管工作打下了良好的基础。

第二，各部门开展密切合作。金融厅作为核心监管机构需要庞大的监管体系，但是体量过大又容易造成管理混乱、难以协调的问题，为此金融厅为精简机构仅在中央层面设置了总部机构，在地方上没有设立办事处，而直接采用财务省的地方机构代行监察职能，这为金融厅进行国家层面的宏观审慎作业节省了大量的人力物力资源，客观上也促进了金融厅与财政省的沟通共享机制，

[①] 张承惠、王刚：《日本金融监管架构的变迁与启示》，《金融监管研究》2016年第10期。

巩固了平行监管体系。

3. 央行有效补充金融监管

《新日本银行法》第44条规定，日本银行为保证国家信贷安全，有权与有资金来往的金融机构签订监察合同，依照合同规定金融机构必须配合日本银行的检查要求，否则将剥夺其信贷牌照。日本银行中负责审慎监管的部门叫作金融机构局，其对金融机构开展定期的现场和非现场检查，并出具金融系统稳定性评估报告书。另外，局内还设置金融业数据库、金融系统维护部、国际规则协商部和高级金融研究中心，这些部门在各自的专业领域为金融机构局的监管工作提供帮助，其具体实现方式如下所示。

第一，发布《日本金融系统报告》。日本银行每半年会发布一次《日本金融体系报告书》，其内容包括金融系统稳定性、经济金融中介活动、金融结构稳健性水平和金融热点四个方面。同时，报告中也会公布半年以来的金融市场监测数据，以图表的形式反映金融业健康度，并采用压力测试和预警指标等方法，定量计算风险程度，提示金融风险。2017年4月公布的报告书显示，日本国内存款低利率和国际金融形势多变是这个时期影响日本金融体系稳定性的主要因素。

第二，穿透式金融监管网络。日本银行随时更新银行、证券和信托等被监管机构的信贷信息，金融机构的信息通过网络上传至日本银行终端的数据库，一旦出现风险预警，日本银行会在第一时间通过电话约谈等方式与被监管单位进行沟通。这种高密度的监管覆盖整个国家的金融机构，真正实现了跨行业、跨机构、跨部门的穿透式风险管理。

第三，定期进行风险检查。日本银行在制定年度工作报告时会专门根据本年度金融业发展趋势选择可能产生经营风险的金融机构作为检查对象，并按照规程定期进行检查，其中检查的固定项目是企业经营管理状况，对流动性风险、市场风险、收益能力、操作风险和信用风险项目会根据金融市场环境有选择地进行排查。

除此之外，日本银行也密切关注宏观风险动向，每年都会通过对金融风险状态的识别，找到重要风险考察点，2017年度的重要风险考察点包括经济过冷导致的全国性低利率；国际环境不确定性导致的本国金融市场波动较大；金融科技对金融机构操作方式的影响。

第四，建立金融高度化中心。金融高度化中心属于日本银行内部的后台研究部门，其以往的主要工作是进行金融相关领域的课题研究，为决策制定部门提供依据，在危机之后金融高度化中心的职责被不断扩充完善，开始逐步与金融机构直接接触，通过与金融机构举办工作会和研讨会，深入了解市场一线，获取一手资料，把最新的政策内容第一时间通过培训的形式传递给金融机构，使其在经营发展过程中遵纪守法、少走弯路。

二 日本地方财政风险防范化解实践

日本的财政风险防范系统包括三种机制：监测机制、恢复机制和监督机制。监测机制主要负责检查探测地方政府的财务状况，通过对指标体系进行分析预测找出已经出现风险或者可能出现风险的地方政府，让其进入恢复机制。与欧美等西方国家不同，日本并没有地方政府破产制度，因而无论地方政府财务状况如何恶化，都必须承担无限偿还责任，并履行提供最基本公共服务的职责，以树立政府威信。在这样的背景下，日本创造了"重建型破产"机制，就是一旦地方政府陷入财政危机，则马上启动财政恢复机制，开始采取内外部救济措施，改善财政状况，如果无法挽救，则进入重建状态，以免最终走向破产。在监测和恢复机制之外，还有独立的监督机制，其目的是促进前二者发挥作用，保持防范系统平稳运行。

1. 构建财政监测系统

监测系统包含三个部分，分别为监测主体、指标体系和判断标准，它的主要职责就是查明地方政府的财政状况，判别其风险程度。监测发动者是当地议会，监测内容包括地方政府实际赤字率、综合实际赤字率、实际偿债率、未来负担率和财务亏损率。未来负担率属于存量指标，其余四个都是流量指标，其中财务亏损率仅适用于国有企业。这种指标体系相比于仅关注政府赤字率和企业不良率的指标体系要更加完善。其具体形式如下所示。

第一，地方政府实际赤字率。是指地方政府为履行基本政府职能而引起的赤字状况，只能包括地方政府给居民提供的基本福利、基础教育、基础设施和其他公共服务，计算公式为：实际赤字率 = 实际赤字额/标准财政规模。其中，实际赤字额为预先支取资金、上期递延债务之和，标准财政规模代表地方政府提供基础公共服务和保持自身运转所需要资金，是一种理论意义的金额，通过各种税源按照一定的权重计算获得。

第二，地方政府综合实际赤字率。是体现地方政府财务风险程度的指标，其涉及范围比实际赤字率要广泛，在地方政府财政赤字基础上加上地方国有资产和企业的赤字状况，将二者之和与标准财政规模做比得到综合实际赤字率。计算公式为：综合实际赤字率 = 综合实际赤字额/标准财政规模。

第三，地方政府实际偿债率。设置这个指标是为了观测地方政府的债务承受能力，计算公式为：实际偿债率 =（地方政府债券还本付息额 + 准还本付息额 - 特定财源）/标准财政规模。

第四，地方政府将来负担率。顾名思义，用来衡量地方政府未来需要支付的债务压力。与实际偿债率相比，这个指标内还包含地方范围内各项债务中需要政府承担的部分，计算公式为：将来负担率 =（将来负担额 - 可用基金额 + 特定财源）/标准财政规模。该指标可以监测出将来某一固定时点的地方政府财政压力程度，如果该比率突破限额，财政出现风险的可能性变大。

第五，公营企业财务亏损率。该指标测算单个公营企业的财务健康状况。计算公式为：财务亏损额 = 公营企业亏损额/企业规模。

根据上述指标，日本中央政府为地方政府分类制定了严格的指标体系，其中在实际赤字率这一标准上，都道府县超过3.75%则属于预警型，超过5%则归入重建型，市町村超过11.25%则为预警型，超过20%属于重建型；综合实际赤字率中，都道府县的预警型和重建型上限分别为8.75%和15%，市町村的上限为16.25%和30%；实际偿债率中，都道府县和市町村的标准一致，预警型和重建型的上限分别为25%和35%；将来负债率只有预警型的标准，其中都道府县和政令市为400%，市町村为350%；公营企业亏损率与将来负担率一致，仅有预警型标准，为20%。

2. 建立财政恢复机制

日本的各级地方政府都道府县、市町村及特别区需要每年接受一次监测，监测结果会形成报告，经过监察委员会审核通过后，向日本议会报备，并由议会向社会公众披露。报告内容决定地方政府所属类型，共分为三种类型，分别为正常型、预警型和重建型。正常型意味着该地方政府目前财政运行状况良好，不存在过高的财政风险积累程度；预警型意味着地方政府的财政状况不健康，但如果及时采取措施就会恢复正常，此时必须制订财政健全计划，帮助地方政府度过风险；重建型意味着地方政府已处于破产边缘，依靠其自身努力已经无法恢复到正常水平，此时必须由中央政府接管并对其进行财政重建，以达到增收节支重新启动财政的目的。具体包括以下环节。

第一，制订翔实恢复计划。当地方政府进入恢复阶段后，无论是预警型还是重建型都需要按照标准制订恢复计划，其中两者中都应包含的内容有：对触发进入恢复程序原因的分析；确定恢复到正常的具体时间；财政恢复的基本指导方针；使监测指标降到正常标准的措施；恢复期间各年度的收支计划。重建计划特有的内容有：通过优化供给和精简机构等措施减少支出的计划；各年度提高地方税及其他收入的计划；征缴以前年度地方税及其他费用欠征额的计划；提高各种行政服务收费标准及变卖资产的计划；

提高普通税税率或开征新税种的计划。翔实的计划帮助地方政府更快的恢复财政。

第二，严格审批恢复计划。地方政府的健全计划或者中央政府的重建计划制订后需要经过严格的审批程序，其中健全计划需经日本议会审议通过，并且向总务大臣或者都道府县知事进行书面报告，在得到首肯后，向全社会公示，在执行期间接受议会和全社会的监督。重建计划与健全计划的制订有很大的不同，重建计划不需要地方政府向中央政府提供，而是中央派出的重建小组制定完成后与总务大臣和都道府县知事共同审议，得到许可方可按照计划进行，此时地方政府已经失去地方财政的自主权，只能接受中央领导执行重建计划。

第三，随时报告计划执行情况。在恢复计划执行过程中，地方政府必须每年向总务大臣报告一次具体实施情况，如果报告中出现虚假成分并被查实，当地行政长官就会受到制裁。对健全计划执行中遇到的困难，总务大臣会根据具体情况给予地方政府政策建议，但是这种建议不具有法律效力。对重建计划中的地方政府，总务大臣会根据报告内容进行实地调查，如果发现计划运行不符合最初设计或者重建过程中出现困难，可以提出变更预算或修改计划，这种告诫是具有法律效力的，地方政府必须严格执行。

3. 构筑财政监督网络

财政监测机制和财政恢复机制能够良好运行并发挥作用的前提是要有完善的财政监督网络，日本地方政府财政监督主体来源非常广泛，既有上级监督，也有同级监督；既有组织监督，还有公民监督，从不同角度对财政运行状况给予关注和约束，确保财政风险控制在低水平区间。

第一，严格的信息披露机制。法律规定地方政府必须及时将本地财政监测情况报告中央政府、上级政府、当地议会，中央政府和上级政府必须在一定期限内对信息进行汇总披露，以保护公众的知情权，必须披露的信息有：监测指标及其表现情况、财政恢复计划（若有）的执行情况、财政运营计划。公示信息必须经过当地监察委员会的审核和外部审核方才生效。地方国有企业预决算报告必须由地方长官和审计机关确认才可提交议会，议会要将企业资金不足比率向社会公众公示。

第二，多元化的监督机制。日本形成多元的财政风险监督网络，其中包括中央政府、上级政府、当地议会、地方检察委员会、审计监督团体和社会公众。既有公权力之间的相互制约，也有私权对公权的监督。在财政健全化阶段，当地议会、审计单位和社会公众都有畅通的渠道对健全计划提出意见与建议，总务省和都道府县对地方议会汇总的意见给予充分尊重。在财政重建阶段，保留地方监督力量的同时，上级部门的参与也更加深入，对财政重建过程中的监督更加严格，审批程序也更为复杂。除此之外，在重建阶段法律还允许居民对地方政府的违法行为提起行政诉讼。

第四节 韩国防范化解双风险的经验做法

韩国是与中国地理位置相近、贸易来往密切的发达国家，其在20世纪90年代成功穿越中等收入陷阱，有很多值得中国学习借鉴的地方。进入21世纪，韩国在经历危机后迅速恢复并保持平稳的增长态势很大程度上源于其在地方公共支出管理上扮演"小政府"、而在金融市场风险管理上扮演"大政府"的运行模式，下面就具体介绍韩国采取的防范与化解双风险的具体措施。

一 韩国金融风险防范化解实践

在先后经历亚洲经济危机、全球次贷危机和互助储蓄银行倒闭危机等大小危机后，韩国在金融危机应对方面积累了充足的经验，也为韩国开发建立新型金融风险管理体系打下了坚实的基础。2015年世界银行和国际货币基金组织经过评估认为韩国的金融风险管理框架合理有效，在预防金融风险、应对金融危机中发挥了良好的作用。

1. 确立风险管理组织架构

韩国政府经过长时间的探索最终通过立法形式明确了金融监管主体和其具体责任，并在此基础上建立了监管主体之间的协调沟通机制，这使得韩国的金融风险管理组织架构完善且坚固。具体有以下三种举措。

第一，确立风险管理机构。韩国建立由五大机构组成的金融风险管理网络，分别是金融监督院、金融委员会、企划财政部、韩国银行和韩国存款保险公司，并通过立法形式赋予其相应权利，明确各自分工，保障了在风险出现时具有统一的行动步调。[①] 金融委员会是最高金融风险监督机构，也是宏观审慎的主要负责人，其主要负责制定监管规则；金融监督院是金融委员会下属机构，听从委员会指挥，具体负责对金融机构的检查和监管；韩国存款保险公司也处于金融委员会监督之下，主要负责执行委员会制定的存款保险制度和处理问题机构；韩国银行是韩国的中央银行，其接受委员会监督，制定和执行国家货币政策，承担维护支付体系稳定和最后债权人职责；企划财政部在金融风险监管领域配合其他部门工作，提供力所能及的服务，根据风险态势合理调整国家财政政策。

第二，建立跨部门合作框架。五大机构共同管理金融风险很容易造成各谋其政的情况，而韩国政府设计了完善的合作模式，使各部门开展充分有效的相互合作。一是在各部门决策层互派代表。以存款保险公司决策委员会为例，其委员由存款保险公司董事长、金融委员会副主席、韩国银行副行长、企划财政部副部长等七人组成，每当存款保险公司面临重大经营事项决策时，都需要委员

---

① 王宇：《金融改革决不能半途而废——1997年韩国金融危机启示录》，《中国发展观察》2015年第7期。

会全体成员进行商议，均衡各方意见共同决定；二是五大机构共同组织成立宏观金融研讨会。对政府部门提出的各项政策措施进行磋商和审议，随着研讨会规格日渐提高、程序更加完善，目前已经按照危机应对委员会的组织形式进行运作；三是五大机构签署双边和多边合作备忘录来进行信息共享和决策共商。其中由五大机构联合签署的谅解备忘录明确规定各机构必须在信息产生的十天内实现上传共享。另外，金融委员会还同18个国家的33个监管机构签署联合备忘录，用以进行国际联合金融监管体系建设。

第三，立法明确处置当局。韩国政府通过颁布《金融产业结构改进法》来明确金融委员会和韩国存款保险公司为处置风险当局，前者占据主导地位，拥有最终处置决断权，而后者则按照前者命令承担具体处置实施工作。除两个处置当局以外，韩国银行虽然不承担具体工作，但其有责任向韩国存款保险公司提供所需的企业救助资金，以帮助企业渡过难关。

2. 开展日常风险防范检查

日常风险管控是风险管理中最容易被忽视但却最为重要环节，大风险爆发基本上都是日常风险管控不到位所导致的，因此韩国监管当局特别重视对日常风险的防范，具体措施如下所示。

第一，定期开展稳定性评估。金融委员会、金融监督院、韩国银行和企划财政部定期联合对金融体系风险状况进行测评与分析，最终由韩国银行每半年发布一次《韩国金融体系稳定性报告》。[①]除此之外，金融委员会还承担建立预警机制的责任，其根据国际国内金融市场分析，将韩国金融市场状态分为五类——正常、预防、警戒、严重和非常严重，针对每一级风险都制定相应的应对办法。与此同时，宏观金融研讨会也会定期召开，对五大部门的工作进行评判，并针对不确定性风险设计应对方案。

---

① 李文红、蒋则沈：《金融科技发展与监管：一个监管者的视角》，《金融监管研究》2017年第3期。

第二，建立金融安全网。韩国的金融安全网有三大机制构成，分别为有效的金融监管机制、完善的存款保障机制和应急的流动性便利机制。其中存款保险机制形成对银行、保险、证券和基金等金融机构的全覆盖，最高偿付金额是5000万韩元，可以保障32%的存款兑现和97%的存款人应急兑付。韩国银行设置有专门的流动性应急资金账户，一旦系统性重要金融机构或企业出现流动性困难可以实现及时的流动性支持。金融监督院在金融委员会的指挥下对金融机构开展日常综合监督检查，定期对金融机构的稳健性和安全性表现进行评估，若出现测度指标低于临界值，金融委员会就会启动改善措施。例如，当资本充足率低于2%时，就责令企业收回所有发行的股票，暂停其管理人职责，在6个月内暂停所有业务，让韩国存款保险公司接管企业，并随时做好收购与承接企业的准备工作。

3. 完善金融危机应对手段

韩国的金融体系经历过数次金融危机洗礼，积累了有效应对金融危机的经验，其中就包括提高存款保险范围、建立风险应对公共基金和事前制定应急计划等，值得中国学习借鉴，具体如下所示。

第一，提高存款保险范围。能够保障存款安全是衡量一个国家金融体系是否完备的重要指标。韩国存款保险公司为保证金融市场稳定一直致力于提高和拓展存款保险范围，1997年亚洲金融危机爆发，韩国出现大面积金融机构倒闭，为减少民众对于这类问题的恐慌情绪，存款保险公司启动应急预案，将保险限额由2000万韩元提高至全额保护，直到2001年才重新恢复限额保险，并将限额提升至5000万韩元。2008年国际金融危机后，随着韩国金融市场与国际的联系越发紧密，存款保险公司将保险覆盖范围扩大至外币存款。

第二，建立风险应对公共基金。经济危机常常以极快的速度席卷整个金融体系，韩国政府意识到仅靠政府应对很难做到全体系覆盖，因此在2008年国际金融危机后，韩国政府适时地提出建立风险基金，从社会上募集资金，以便向金融体系注入流动性，在危机时补充银行资本，并为困难金融机构提供援助。这些基金成为应对危机的重要工具，使社会资本在应对危机方面发挥出更加重要的作用。

第三，制订详细的应急计划。五大机构都根据自身特点设计相应的系统性金融风险应急方案。金融委员会具有完备的预警体系，将金融状况分为"稳健"到"危险"五个层次，并制订三种不同的应急方案来对应"警惕""严重"和"危险"的情形，方案中考虑到各种可能出现的风险，能够做到灵活应对。韩国银行的应急方案主要是预防自然灾害导致的市场波动。韩国存款保险公司设计危机指标体系，将危机发生过程分为三个阶段——出现迹象、发展酝酿、全面爆发，并在风险监控、资金管理、问题处置、后期工作和人力预算等五个领域制定相应措施。

4. 建立金融机构处置机制

风险来临时，首当其冲的就是金融机构，金融机构作为市场主体会将自身所面临的风险冲击不断向外扩散，特别是系统性重要金融机构一旦受到危及将会引起整个金融体系的动荡，因此建立金融机构处置机制就显得尤为重要。韩国的金融机构处置包括以下举措：

第一，建立完备的处置框架。韩国政府通过立法形式构建起完整的金融机构处置机制，具体有三项法规——《存款人保护法》《金融产业结构改进法》和《韩国银行法》。处置方式非常详尽，实现事前、事中和事后全覆盖。事前，存款保险公司有权要求可能发生风险的金融机构提供完整的机构数据，必要时可以进行实地检查，确保在资不抵债前完成介入，将损失控制在合理范围内；事中，当金融机构确认无法完成承诺支付时，金融委员会将召集各大机构商讨确定最终解决方案，必要时可以宣布其破产；事后，一旦确认公司破产，则由存款保险公司接管企业，确保履行企业义务，偿还企业债务。

第二，提供全面的处置工具。韩国存款保险公司采用多种方式进行金融机构处置，其中比较常用的有直接偿付、承接收购、过桥贷款以及注资。直接注资是简单有效的方式，是针对风险在可控范围内，企业暂时周转不灵的情况；间接注资是针对金融企业风险已经超过承受极限，必须由其他机构进行收购清算的情况，存款保险公司可以向收购机构注资。

第三，相机抉择的处置方式。韩国当局在处理系统性风险时有着非常丰富的经验，其知道在处置过程中可能稍有延误就错过及时止损的最佳时机，因此特别注重当机立断的权力设置，赋予存款保险公司应对风险的特殊权力。《存款人保护法》专门规定，如果是出于维护金融稳定的目的，韩国存款保险公司可以立即对风险机构进行业务转移或者直接接管，金融委员会可以进行事后认定；涉及可能出现系统性严重影响的风险，存款保险公司可以申请特殊资金支持，帮助金融机构渡过难关；在金融稳定性可能遭受毁灭性打击时，可以暂时放弃成本最小化原则，避免错失进行处置的最佳时机。

二 韩国地方财政风险防范化解实践

韩国能够先后两次从经济危机中迅速复苏，源自其超强的地方政府财政防范风险能力，无论是对地方政府债务的管控还是对财政预算模式的创新，都保证了韩国良好财政规则的实施。

1. 严控地方政府债务

对于韩国地方政府而言，直接借款和发放债券是其主要筹款方式。前者的主要来源是中央政府、地方公共基金和国内外金融机构，占地方政府债务总额的86.1%。后者的主要形式有常规债券、合同债券、义务债券和国外债券，其中义务债券占债券融资的50%以上，其他三者规模较小，其中常规债券仅占4.6%。具体的举措有以下三点。

第一，上移地方发债权利。韩国地方政府没有独立进行发债或者借债的权限，所有产生地方政府债务的行为必须向中央政府报告，获得批准后方可进行，而且不是地方政府产生资金需求就可以向中央政府申请，除重大应急需求，所有资金需求必须根据中央政府上一年度颁布的地方政府举债方案进行，这在很大程度上削弱地方政府举债的自由度，防止地方政府无序、无度举债。

第二，严控资金使用规则。地方政府在提交筹资报告书时，必须要列明筹资项目和资金规模，中央政府根据其筹资名目从不同账户中调配资金。中央政府的财政账户包括国家住宅管理账户、农村发展账户和环境保护账户等，审批时需要来源账户先批准通过再交给中央政府统一发放。除此之外，中央政府还会对借出资金进行指标限制，如偿债率必须低于20%或收支结余率不能低于10%等。这些严格的限制使地方政府债务的来源和去向都非常明确，切实做到专款专用。

第三，明确不同账户责任。韩国地方政府的债务类型依据所承担责任不同主要分为三类，第一类是一般账户类，这类债务是地方政府为满足自身运转或短期资金周转进行的举债，除非地方政府破产，否则必须偿还；第二类是特别账户类，这类债务通常是地方政府为某一特殊目的所设立的账户，例如，承办大型体育赛事或者大型会议，这类债务一般由项目产生的后续收益偿还，如果后续收益无法满足偿还要求，则政府有义务偿还；第三类是公共企业类，这类债务是地方政府代发，地方国有企业实际使用和偿还，相当于地方政府对企业进行担保，如果企业出现经营问题导致还款失败，则地方政府可以选择企业破产清算偿还债务或者救助企业代为偿还两种方式。

2. 优化地方财政体系

财政体系是影响地方政府财政状况的重要因素，韩国在财政体系的调控方面很有心得。首先，建立央地分开的财政预算体制，强制地方政府自负盈亏；其次，多措并举缓解地方政府财政压力，提升财政活力；最后，引入财政绩效管理，激励地方政府严格控制开支。

第一，建立央地分开的财政预算体制。韩国的财政预算体制与其行政管理体制密切相关，与中国相似，韩国也是一个中央集权国家，其国家财政长期由中央政府控制，不同的是，韩国直到1988年才正式颁布《地方自治法》，才算真正有了地方政府，也是从那时起韩国的财政预算体制改为央地分开模式。中央政府按照《预算会计法》处置财政收支，而特别市、直辖市、道级政府、市、郡和区等地方政府按《地方自治法》《地方财政法》处置财政收支，这种模式实质上是一种建立在分税制基础上的分级预算管理体制，主要包括四方面内容：一是根据中央和地方职责划分支出范围；二是按照税种划定各级政府收入来源，且分别征税；三是各级政府享有独立的预算权，中央和地方分别编制，自求平衡；四是中央政府通过专项拨款实现对地方财政的调节和控制。

第二，缓解地方政府财政压力。1997年，韩国经历了亚洲金融危机，巨大冲击使得银行和企业都处于破产的边缘。1998年，韩国GDP自统计以来第一次出现下降（-5.7%），同时，政府总债务占GDP的比率提高了7%。[①] 为防止经济进一步恶化，韩国政府下大力气改良地方财政体系。一是重构风险企业资产负债表。增加可转换债券，减少地方政府对企业的接管注资行为，降低地方政府担保风险。二是解决金融机构呆坏账问题。对大财阀和银行进行资产重组、合并或者直接要求破产，成立韩国资产管理公司来解决呆坏账问题，防止地方政府遭受直接冲击。三是提升财政投资项目审查力度。相关项目必须通过必要性、可行性论证后才能上马，1999—2013年，韩国一共削减了665项价值303万亿韩元的地方政府投资项目，而在1999年之前的5年间，仅有一项

---

① IMF, 2014, World Economic Outlook, Washington: International Monetary Fund.

被削减。

第三，引入财政绩效管理机制。2003年韩国就开始采用财政绩效管理体系，2004年正式启动"自上而下"式的统筹型财政预算管理，设置财政支出上限，加强对地方财政资源的监管。韩国的财政绩效审查模式淘汰了传统的线性分类方式，在严格制度的前提下，化简预算结构，更好地联结地方政府和投资项目，具体举措有以下三点：一是建立预算审核体系和监管体系，全方位接收预算项目的绩效反馈，特别关注未达标项目；二是构建项目资金顺序配比机制，通过前期收集的项目信息对登记项目进行优先级排序，资金优先流向级别高的项目，低级别项目适当削减预算，最高削减程度为10%；三是建立深度评估体系，每年选取部分项目进行深度评估，总结出同类项目的运行机理，找出问题并提出解决方案，为后期开展预算编制工作提供指导。

第八章

中国防范化解双风险的政策建议

本章根据前文定量和定性两方面研究所发现的问题，并结合国外先进风险管理经验，提出有实际操作价值的政策建议，具体来讲有以下五个方面：增强地方政府偿债激励、强化中央政府管理职责、发挥金融市场机制作用、提升金融体系抗风险能力和防范交互风险空间扩散。

第一节 增强地方政府偿债激励

第四章分析得出，财政风险金融化主要引发地方政府债务结构风险和地方融资平台过度融资风险，为避免这类风险冲击，需从根本上对地方政府举债行为进行约束，增强地方政府主动偿债的意愿。现阶段地方政府债务清偿期限普遍长于地方官员任职期限，债务期限与官员任期的错配让地方官员在举债时有恃无恐，造成继任者勒紧裤腰带给前任官员口碑政绩买单的不公平现象。当地方财政无力支撑官员短期的政绩输出时，地方政府的"新官不理旧账"现象开始显现，致使地方债务违约风险不断积累。这种背景下，只有激励相容的制度约束才能激励地方政府清偿债务。

一　将风险指标纳入考核体系

地方政府大量举债的一个重要原因是官员考核机制中的唯GDP论，经济增速单指标考核打破了综合发展的平衡，使得地方官员"被迫"鼓励政府举债。因此，要从根本上抑制举债冲动，首要一条就是将财政金融风险指标纳入地方官员考核机制。

1. 改革地方官员考核标准

对地方官员的考核不能仅局限于经济作为，更要注重高质量发展能力，中组部目前已将经济发展成本作为衡量地方官员执政能力的重要指标，激励地方政府进行长效稳定发展。为解决地方财政金融风险不断高企问题，应在官员考核指标中加入地方债务计量指标。具体来讲，可将地方政府债务规模、债务率和偿债率等指标纳入考核体系，并制定合理加权规则，科学评价地方官员绩效，提升地方经济社会持续发展能力。

2. 建立风险全流程负责制

地方债务问追责制在我国执行状况很不理想，其根本原因是没有做到"谁举债，谁负责"，地方政府没有认清自身的清偿义务和担保责任。为此，应做到以下三点。一是事前严格程序。地方举债要报请同级人民代表大会审批，对牵涉民众切身利益的公共项目要广泛征求地区居民意见。二是事中严格监督。中央政府和地方上级政府应采取有效的监测手段来掌握下级政府的赤字水平和债务风险，随时了解下级政府的债务指标，一旦出现风险状况，及时启动中止机制，冻结地方官员提拔任用，严禁带债提拔。三是事后严格问责。中央政府要通过严格的制度设计来明确地方官员在地方举债和投资过程中应承担的管理或偿债责任，在官员评价体系中加入债务终身负责原则。对因管理不善而产生的公共项目失败、亏损现象，要树立高度的追责意识，明确区分相关责任。对于贪图政绩、不顾质量而导致所在辖区资不抵债的地方官员，实行一票否决制，并追究其相关法律责任。

二 鼓励地方政府直接发债

从责任与义务对等的角度看，地方政府应当享有本级举债权，允许地方政府在可控范围内融资是落实财权事权统一和完善分税制改革的重要方式，也是促进地方债务透明化的必要手段。

1. 完善地方债券发行机制

从国内外先进经验上可以看出，地方政府直接发行债券可有效降低违约风险，应鼓励地方政府多采用直接负债形式获得融资，为此，应从以下几个方面做好保障工作。首先，地方政府债券需要建立常规性发行机制，提高发行频次，确保债券发行的连续性。同时，还应丰富期限品种，增加1年期、3年期和15年期券种，甚至更短或更长期限品种，完善地方债期限结构，满足不同投资者的期限要求。其次，提高地方债二级市场流动性，完善做市商制度，打通银行间和交易所市场，鼓励更多投资者进行二级市场交易。再次，建立符合中国特色行政和财政体制的地方债市场估值体系，包括估值模型，地方债券市场表现，发债主体经济、财政和偿债情况，以及外部评级机构评级结果等方面。最后，建立相关隔离机制，减少地方政府对承销商的干预。

2. 优化地方债券发行环境

目前的地方政府债券大多以地方政府财政预算为担保，给地方政府的融资规模和水平带来极大的限制，根据其他国家的经验，可以设计两种地方政府债券形式：普通债券和收益债券。普通债券以地方财政收入作为担保，主要用于关乎国计民生的重要基础服务供给。收益债券以具体项目收益权作为担保，以市场化盈利模式激发社会资本的投资热情。具体操作方式涉及以下几个方面，一是全国人大应修订完善《中华人民共和国预算法》，继续为地方各级政府发行债券松绑，探索建立收益债券管理监督模式，并制定合理的适用性原则。二是中央政府应在充分了解和调研基础上，通过试点的方式分批次开放地方政府债务自主权，鼓励地方政府发行收益债券。三是各级政府应在充分评估财政收支和平台风险的前提下，通过债务置换和掉期形式逐渐将地方政府的隐形债务显性化，减少地方政府的债务风险。

三 着力解决土地财政问题

根据前文分析，土地财政问题是地方财政金融风险积累的一个重要诱因。为此，应该构建新的土地财政约束机制，做到以下两点。

1. 建立土地收益上缴留存制度

一方面，土地出让收益不能仅由地方政府支配，中央政府应参与土地收益分成，然后以专项转移支付的手段返还给地方，用于宏观调整区域发展不平衡，解决失地农民生计和社保支出不足问题。这样既可以减轻地方政府压力，又可以防止地方官员违规使用土地财政收入。另一方面，土地出让收益不能仅由本届政府支配，要建立地方土地收益公积金，设计良好的制度安排，在政府代际间公平分配，解决地方政府"寅吃卯粮"的问题。

2. 划拨土地收益成立偿债基金

制定一套完整的评价体系，根据地方政府债务规模决定所属风险档位，按照档位要求将一定比例的土地出让金划拨到偿债基金内，基金设置专门收支账户，仅用于地方政府债务偿还，收支状况要接受上级政府、同级人大和人民群众的监督，凡有重大账户收支情况要及时公示，避免出现账户使用失范造成的债务资金挪用现象。

第二节 强化中央政府管理职责

与中央政府相比，地方政府财权事权分离，而制度激励又要求地方政府扮演有为政府的角色，这就使得地方政府具有无限融资的倾向，此时就需要中央政府设计更加合理的制度安排，强化对地方的债务约束。

一 明确地方财政纪律准则

地方政府债务风险种类复杂、来源广泛，但是无论风险如何变化最终都必须归结到"钱"如何来和到哪去的问题上，这就给防范和化解风险提供了一个很好的思路，从债务规模和融资去向两个角度加强管控。

1. 设置地方政府债务红线

地方政府融资过程中很容易陷入预算软约束的陷阱，要想从根本上管控地方政府债务问题，必须为地方政府设置债务红线。具体方式有：一是科学设置债务规模上限。指标设置的科学性决定着能否达到管控目的，过高和过低的指标设置不仅不能限制地方政府债务，反而可能对地方发展产生不利影响。我国目前并未设定规范地方政府债务行为的指标体系，参照其他国家的通行标准，借债率（当年新增债务额/当年 GDP）和债务负担率（年末债务余额/当年 GDP）两个指标适合作为我国现阶段的发展要求。欧盟给这两个指标设计的红线分别为 3% 和 60%。二是建立财政风险预警机制。构建包括偿债风险、违约风险、结构风险在内的风险预警体系，当债务指标触发报警系统时，则马上作出风险提示和相关反应，将风险扼杀在萌芽阶段。三是设置惩戒机制。一方面要严格执行问责制度，以债务规模、筑债原因、资金流向为导向综合考量相关责任人的行为，一旦判定存在操作违规，则给予必要处理，甚至追究法律责任。另一方面对已经造成的政府债务违约问题，要做到从严处理、及时止损，防止"拆东墙补西墙"现象导致的地方政府债务继续膨胀，并按规定要求限期整改。

2. 改革地方政府预算体制

21 世纪以来我国财政预算管理体系逐步完善，取得了可喜的进步，但是随着改革的逐步深入，预算管理规范化水平低的问题开始显现，此时就需要拿出壮士断腕的决心推动地方政府预算管理体制改革，具体措施有：一是改变预算管理内外有别，实施统一口径的预算管理体系。之所以存在显性负债、隐性负债、直接负债和或有负债等债务分类就是因为存在预算内、预算外和制度内、制度外的收支区别，如果可以进行全口径统计，则政府债务更加明确清晰。二是建立预算决策机制。现行的预算决策机制透明度较低，经常出现一把手一言堂的现象，要建立民主科学的预算决策程序，让预算中的每一笔收支都来源有名、去向有处，增强预算支出效率。三是强化预算编制规则意识。提高预算标准化程度，提升预算编制技术能力，探索中长期滚动预算编制方法，降低短期内预算大幅波动的可能性。四是强化预算支出考评体系。要根据预算支出后的效果来决定下一期预算具体分配方式，引入第三方评价机构，按照资金使用的合规性、效率性和收益性对每笔预算支出进行打分，得分高者在下一轮预算编制中给予适当奖励。

二 明确长短期债务处置原则

2014年以前，地方政府债务主要来源于银行贷款，占到债务余额的80%，2014年国务院办公厅颁布的《关于加强地方政府性债务管理的意见》（国发〔2014〕43号）起到立竿见影的效果，地方政府干预信贷资源流向的问题得到遏制，但也促使地方政府开始寻求其他手段进行融资，影子银行逐步发展壮大，加剧了地方政府债务的短期流动性风险，部分地方政府融资平台出现违约现象，市县级政府债务率升高，短期偿债能力不足的缺点开始暴露。为正确处置当前地方债务风险，应该坚持存量消化和增量管控并重的原则。

1. 灵活化解短期流动性风险

短期流动性风险是目前地方债最为薄弱的环节，地方政府为缓解风险，应该采取以下措施。一是在土地财政收入增长乏力时，通过在有限范围内减持国有上市公司股份和盘活闲置资产的手段筹集债务资金。二是地方政府可以积极探索债券置换的市场化操作，在债券市场将短期债券置换为长期债券以应对暂时性的流动性风险。三是地方政府财政出现严重困难而导致社保和教育欠账过多时，可以申请中央政府通过特殊转移支付渠道支持地方渡过难关。

2. 系统性改善长期债务风险

一定范围内的地方政府债务有利于地方经济持续稳定增长，因此如何趋利避害地管理长期债务是一项系统性工程，一是提高地方政府核心竞争力，增强资本积累能力。提升自身竞争力是化解债务风险的最终途径。地方政府应做到聚焦发展、做强主业。加强投资管理，严格把关主导产业、特色产业投资，严控非理性投资和推高负债率的项目，提高投资的决策水平和经济效益。二是加强债务风险监测预警，保持合理债务水平。地方政府要加强债务风险信息系统建设，利用内外部有效信息来发现、识别、预警债务风险，为提前做好偿债安排、防范违约风险提供保障。同时，应严格执行监管要求，主动调整债务水平和债务结构，处理好短期和长期之间的平衡，保持合理、健康的债务水平。

第三节　发挥金融市场机制作用

随着地方政府融资市场化程度越来越高，地方政府财政预算和债务赤字透明度也逐步上升，资本市场能够良好地识别出地方政府偿债能力，并做到有选择地提供融资支持，这种机制可以有效防止地方政府融资过程中的道德风险和逆向选择问题，自发对政府债务形成约束。

一　编制地方政府资产负债表

现行财政预算制度存在短板，对预算外收支管控不严，导致地方政府对自身财政能力没有充足了解,金融机构在授信时也无法获知地方政府真实的财力水平,盲目投融资导致风险不断积累衍生。[①] 为此,国家金融管理部门应要求地方各级政府按照金融机构融资规范编制资产负债表,从政策施行顺序上来看,应该循序渐进,首先由事业单位开始,逐步扩展到企业,最后覆盖政府部门。这种顺序可以减少编制过程中遇到的阻力,并由简入繁慢慢积累经验,最终全面获得政府及其下辖各类单位的资产负债状况,方便金融机构评估地方政府偿债水平,合理制定授信规模。

二 完善政府信用评估机制

信用评级机构是现代金融信用体系的产物,信用评级可以保证债权人合法权益,促进市场中资金的合理调配。随着市场化融资手段不断完善,地方政府越来越多地借助金融市场进行融资,如何将政府信用纳入信用评级体系是一个亟待解决的问题。为保证地方政府在信贷市场中获得客观真实的评价,应引入独立的信用评级机构,对地方政府偿债能力和偿债意愿做出客观评价,并及时公布评级结果,方便金融机构了解地方政府信用状况,进而防止地方政府滥用举债工具。评级时应采用定性与定量相结合的方法,定量方法可以借鉴国际上已有的信用评级模式,将地方政府的各项信用指标进行赋权打分,得出相应的加权值。定性方法是结合我国具体情况,根据以往经验对地方政府某些难以量化的表现进行描述性评价,方便债权人获得地方政府信用状况全貌。二者结合使用,保证评级的全面性、科学性。

三 创建优质债权投资环境

投资者监督对债务风险的约束非常有效。但是在实际操作中,

[①] 王蕴波、景宏军、张磊:《我国预算的国家监督模式与公众参与监督模式比较研究——基于博弈论视角的分析》,《审计与经济研究》2017 年第 2 期。

从监督的成本角度考虑，有能力对政府债务进行监督的主要是机构投资者，个人投资者通常无力参与监督活动。机构投资者会促使地方政府进行有效的信息披露，以保证投资者对债务人信用情况的知情权，这客观上也会降低投资者购买债权时的风险溢价，使地方政府以更低的价格取得融资，获得双赢的结果。因此地方政府在进行融资时，应该吸引机构投资者广泛参与，降低手续成本，增加示范效应，正确处理与机构投资者之间的关系，营造一种清爽的政商环境，最终依靠稳定的收益性和较高的市场评价吸引金融市场中的投资者购买地方政府债务。

四　允许地方政府债务违约

地方政府债务负担过重是一个长期积累的问题，一方面地方政府不顾自身偿债能力不断举债；另一方面金融市场也源源不断地给地方政府提供融资，这其中的重要原因就是整个社会都有"政府不破产"的预期。这种预期使得市场对信贷资源的调配机制失灵，政府可以凭借无限信用获得融资。要想从根本上解决这个难题，必须放弃这种预期，允许个别地方政府出现违约甚至破产，以打消投资者对地方政府的过度信任。具体来讲，有些政府虽然负债累累，但依然铺张浪费大搞政绩工程和面子工程，应该放任这类地方政府出现债务违约，然后要求其出售政府资产偿债，对其他地方政府和金融市场起到警醒作用。

第四节　提升金融体系抗险能力

在防范财政金融交互风险时，仅靠行政力量化解短期矛盾并不是长久之策，长期来看必须建立起有效的金融监管体系，中央地方两级政府在职权划分、法制建设和市场培育等多个方面协同配合才能取得最终胜利。

一 健全金融领域法制建设

在全球范围内,金融市场最发达的地区往往具备最完善的金融法律体系,这使得监管部门拥有足够的权限来进行金融治理。目前,我国在地方金融市场的管控中法治化水平仍然较低,金融法律法规的出台一直落后于金融体制改革和金融市场需求,造成地方金融监管体系中的行政命令和制度文件占据主导地位,很多规定缺乏科学性和适用性,导致金融机构无所适从,钻制度漏洞的现象比比皆是。与此同时,地方性政策文件的大量出台也容易引发法律与规则之间的冲突与矛盾,对法律的权威性造成很大冲击。在这样的背景下,金融监管法律的出台就显得迫在眉睫。

1. 出台地方金融监管法律

目前,地方开展金融监管的短板之一是没有金融立法权,这导致地方政府无法根据自身特点制定适合本地区发展现状的金融法律,只能经常性地发布金融监管指导意见,结果就是金融机构肆无忌惮地拓展业务范围,即便被发现存在违规操作,也不会受到法律制裁,犯规成本很小。如果地方政府可以结合实际情况制定具有法律效力的地方金融法规,则就有了监管正义性,也有了自下而上推进金融改革的动力。应尽快出台《地方金融监管法》,以法律形式明确地方金融监管权力归属和角色定位,在法律中划分好中央与地方金融监管责任与风险处置界限,规定地方金融监管单位所享有的权利和应尽的义务,使监管行为真正做到有法可依。

2. 完善金融市场交易规则

我国目前的金融法律法规具有明显的偏重性,大多数立法都侧重于公法领域的管理规范。具体表现为重视对金融机构的利益保护,忽略对金融消费者的权益保护;重视对正规金融的行为规范,忽略对非正规金融的操作监管。结果造成"有法领域依法办事,法外之地为所欲为"的不利局面。因此,为完善我国金融市场的交易规则,应增强金融市场的功能性立法,出台《金融商品交易法》，法规涉及所有可以交易的金融商品及其衍生品，实行统一监管。同时，也要加强对金融市场消费者的保护，配合出台《金融消费者保护法》，保护金融消费者不同于其他商品消费者的各项权益，拓宽消费者保护范围。另外，还要尽快制定金融监管空白领域的法律，将民间金融、互联网金融等非传统金融模式纳入监管框架，保证金融交易市场没有法外之地。

二 完善金融信息披露制度

金融市场属于典型的信息非对称市场，强化信息披露制度有利于保护市场中弱势的投资人和消费者权益，从而降低金融失范风险。相对于国有大型金融机构，地方金融机构的监管依赖于登记和备案等手段，且大多属于非上市公司，并无强制的信息披露要求，出现道德风险的成本较低。在这样的背景下，应对地方金融机构信息披露制度进行改革，加强对影子银行体系的监管，要求其在监管部门登记，披露交易及资产组合等方面的信息，并定期检查；推行"实质性披露"，不追求披露信息的数量，而是追求有价值的信息披露，要求金融机构为投资者提供金融产品和服务的关键信息；完善金融机构信息披露法律责任的追究和惩戒机制，禁止不按规定开展信息披露的金融机构进入地方政府融资领域。

三 建立金融系统内控体系

随着金融产品及其衍生品逐步发展，金融机构间的业务往来也愈发密切，金融交易也变得更加复杂，在外界看来金融体系逐渐朝着黑箱的方向发展，外部监管的难度越来越大，因此建立金融系统内控体系成了破解黑箱难题的重要武器。

1. 建立内外监管合作机制

在外部监管不能取得全面成效的时候，就需要从内部获取有效信息。监管部门在保证监管机制正常运行的前提下，要创新管理手段，推进金融企业组织架构建设，帮助企业建立科学的内部管理制度，将外部监管与内部审查相结合，真正做到内外结合、心中有数。

2. 完善金融企业互助机制

我国目前在应对金融危机方面缺乏经验，没有形成成熟的应对方案，相关法律法规如《中华人民共和国中国人民银行法》《中华人民共和国商业银行法》《中华人民共和国公司法》和《金融机构管理规定》对危机处理的规定过于固化，缺乏灵活性，主要还是依靠政府直接干预，通过行政力量来弥补损失、走出困境。为预防金融危机给国家人民带来巨大的经济财产损失，金融系统应该从内部建立危机互助体系，具体操作有：一是完善最后贷款人制度。对危机中陷入困境的金融机构要根据其风险状况和系统重要性程度区别对待，暂时性经营困难的金融机构要重点救助，救助难度极大、继续经营困难的金融企业及时采取并购或清算程序进行处理。二是出台应急企业接管办法。在巨大风险降临时，凭借危机企业自有资本无法抵御强烈的冲击，此时就需要其他金融同业帮助接管，保证其相关责任义务的履行，这些都需要制定专门的文件来规范，保证接管后工作的良好开展。三是形成不良资产处理机制。由央行和监管部门牵头，建立不良资产整合处置机制，号召受到冲击较轻的金融机构消化市场中的不良资产，可以以财政的名义给予适当补贴，由受补贴方承担破产企业的遗留债务。

四 完善金融存款保险制度

我国尚未出现大型金融机构因为经营不善而导致的破产发生，因此也并没有形成全面的银行存款保险制度。从预期角度看，即使出现金融机构破产的情况，公众也普遍认为中国人民银行和国家财政会妥善处理，债权人会获得足够的资金补偿。但是随着市场化进程加快，这种无限担保责任所带来的成本越来越大，国家必须储备大量资源来应对可能到来的危机，也给金融机构带来巨大的道德风险隐患，非常不利于金融系统的健康发展。此时建立适应市场需要的存款保险制度就显得尤为重要，存款保险制度的主要目的就是在大型金融机构出现经营风险时保护存款人利益并维护金融系统稳定。

我国2015年施行的《存款保险条例》保障范围仅限于商业银行、农村合作银行和农村信用合作社等吸储型银行业机构，对在地方层面影响很大的非吸储类金融机构则没有相关举措来保障，这个风险领域仍缺乏市场化的处置手段。当金融风险出现时，地方政府会倒逼中央政府动用国家财政来化解金融风险。为避免这种困局，应当在各级地方层面建立存款保险基金。在制度设计上，地方存款保险基金由地方金融机构和地方政府按比例出资，金融机构的出资责任以独立机构的风险评级为基础，实行差异化费率，风险越高承担的费用越多。地方政府也承担部分比例，形成对地方政府的一种约束机制。

第五节　防范交互风险空间扩散

本书的空间计量分析结果显示我国地级行政区域间存在金融财政风险溢出现象，而风险的传导溢出会严重影响区域经济发展，并积累形成难以化解的巨大危机。为此本书根据计量结果中交互风险的影响系数，提出以下政策建议。

一　开展交互风险协同防控

计量结果显示地级区域间的交互风险存在空间溢出性，而且这种溢出并不是简单的单一地区外溢，而是多地区多线程的相互溢出关系。在这样的背景下，交互风险的积聚不仅仅取决于本地区风险水平，还取决于与其他地区的相关关系，这给化解风险带来严峻的考验。但与此同时，风险的扩散效应也为跨区域空间协同治理风险创造了条件。各地方政府和监管部门一方面应该明确自身公共主体的身份，规范本地区的行为模式，逐步减少自私自利和以邻为壑这类容易引发地区间恶性竞争的掠夺型政策，努力化解相邻地区间不必要的内耗和竞争；另一方面也应该树立协同抵御风险理念，联合相关地区制定和实施区域协同发展规划政策，引导信贷资源和政府支出合理投放，形成预防和化解区域风险的长效机制。

二 优化地方政府债务结构

地方政府的债务结构风险是空间溢出效果非常明显的一类风险。一方面，有些地方政府债务的总量不大，但是来源比较单一，短期债务占比较大，很有可能出现暂时性的流动性紧张。这种紧张会通过共同贷款人效应和区域信贷网络传递给周边地区从而引发区域风险。另一方面，债务层级结构失衡，很有可能层层传递，导致上级政府承担过多或有担保风险，占用大量财政资源，长期来看影响地区基础设施配套建设，形成发展洼地，拖慢区域整体发展步伐。因此要从债务期限、债务来源和债务层级等多个角度关注地方政府债务结构问题，形成合理的债务结构配比。

1. 分类治理地方债务存量

由于各地资源状况差异很大，各地债务形成的资产也并不相同，所以处理地方债存量必须坚持一地一策，灵活选择资产出售、资产置换、股权转换等方式消化存量债务。按照债务形成资产的性质，对于有现金流的、市场属性较强的项目，按照市场化原则，正常地削减资产和债务。对投向交通运输设施和市政建设形成的显性债务和隐性债务，通过盘活城市资产、证券市场化等方式化解。根据情况，可将这些资产与负债"装进"各省公共事业类上市公司，或者以盘活城市资产、配置土地等方式化解。对无现金流的公益项目，则以盘活资源、出售资产、财政偿还的形式处理。

2. 探索市场化削债新思路

以公募REITs为引，不仅可以盘活巨量优质资产，引导基础设施投融资结构变革优化，而且为市场化削减债务提供了新的思路。为此，需要加快完善相关政策，积极稳妥地推进制度建设。同时，通过税收等政策，在投资、交易等环节给予社会资本大力支持，增强金融工具的吸引力和效率，为市场化削减债务提供便利。

三 约束融资平台过度融资

地方政府融资平台融资规模大、周期长，负债资金的使用效率和投资回报率等因素对政府财政和市场经济有着重要的影响，融资平台过度融资行为会显著降低区域经济发展活力。因此，为保证区域协调稳定发展，避免出现金融财政风险外溢，要做到以下三点。[①]

1. 加强融资平台管理

首先，平台公司应该建立严格的预算约束机制，按照资产负债率、长短期债务比率和项目投资回报率等财务指标严格控制债务规模，优化负债期限结构。其次，要求融资平台积极拓宽融资渠道，大力开展股权融资，加强与投资基金、保险基金等其他融资渠道的合作，减小对银行信贷的过度依赖。此外，规范融资平台的经营管理，建立严格的信息披露机制，建立权责相统一的管理机制，对降低融资平台债务风险也起到重要的作用。最后，要明确地方政府对融资平台的管理责任，建立严格的问责机制，防止政府部门为了扩大政绩大规模融资建设。还要提高地方政府融资平台透明度，完善融资平台公司治理制度，合理利用资金，提高平台的盈利能力，实现可持续发展。

2. 增强信贷监管力度

商业银行等金融机构为地方政府融资平台提供融资服务，所以金融机构对平台公司债务的流动性、安全性的监管十分重要。首

---

① 胡洁琼、雷良海：《过度信贷下的地方政府融资平台债务风险及约束》，《改革与开放》2016 年第 6 期。

先，在项目申请贷款时，要对平台公司的贷款风险进行严格评估，对贷款投资方向进行严格审查。其次，对地方政府融资平台的贷款规模实行总量和增量的控制约束，预防过度融资行为发生。最后，还要完善债务监管机制，防范违约风险。融资平台债务存续期间，要密切关注财政收入下降、过度融资等对贷款质量有重大影响的事件，及时采取有力措施防范风险。

3. 加快法律法规出台

建立完善的法律监管体系是实现地方政府融资平台规范化运作的有效途径，也是防范平台公司债务膨胀的重要手段。一是完善融资平台公司法人治理结构。平台公司应依照《中华人民共和国公司法》规定，设置董事会、监事会等机构，根据经营管理、政企分开与监督约束的原则，提高平台公司市场化程度，利用市场机制提高平台公司的管理效率。二是政府相关部门要尽快制定融资平台监督管理条例，详细规定政府融资平台在创立、经营、内部控制、债务管理、外部监督等环节的要求和责任主体，促进融资平台规范运行和可持续发展。

四 化解中小企业融资难题

相邻区域内的中小企业集群很容易形成产业集聚效应和上下游产业链条，一旦链条上的某一环节出现问题就会造成局部财政金融风险的传导与外溢。近年来，随着国际经济环境恶化和国内进入转型攻坚期，中小企业生存状况不容乐观，为谋求发展不得不进行多元尝试，容易滋生非法集资与问题网贷，导致信贷资源流动性失衡。为避免出现区域性中小企业倒闭破产风潮，政府部门与金融机构应肩负起各自责任。

1. 政府创造良好外部环境

政府应为中小企业健康发展创造良好的外部环境。一是健全服务体系。建立健全专门的信用担保法律制度，完善中小企业信用担保体系，进一步拓宽中小企业融资渠道。建立由政府主导的中小企业风险补偿机制，成立贷款贴息、政府直接优惠贷款等融资贷款风险补偿基金。二是实施优惠政策。完善中小企业划分标准，针对不同企业的类别、收入、盈利水平，制定相应的财政、税收、利率等优惠政策，降低中小企业负担。三是营造良好氛围。要对照国务院促进中小企业发展的相关文件和各部委支持中小企业发展的各项措施，逐条落到实处，使好的政策变成实际的支持。

2. 金融机构提供有效支持

金融机构要切实担负起为中小企业融资纾困的责任。一是建立专门机构。商业银行要成立专门的中小企业贷款机构，培养一批专业的中小企业营销人员队伍，提高为中小企业服务的水平。二是创新融资产品。针对中小企业融资"短、频、快"的特点，为中小企业客户提供个性化的金融服务。鼓励中小企业联合进行债券融资、票据发行，提高中小企业融资成功率。三是完善考核机制。制定专门的中小企业信贷业务考核办法，设立发展指标（如贷款余额、贷款余额增量、贷款客户数量等）、质量指标（如不良贷款额、不良贷款率）和效益指标，对中小企业信贷业务进行年度考核。

五 防止多种风险同时爆发

从计量结果可以得出，交互风险同时出现所带来的冲击力显著强于单一风险，会给相关地区经济增长带来巨大的危害。我国从没有出现过地方政府巨额债务违约和系统重要性金融机构破产的恶性结果，其原因就在于地方经济运行体系有来自上级政府隐性的财政担保、经济上行周期的土地财政支持和上级金融机构的共同贷款人保障，这三者都能够在危机时为地方提供巨大的帮助。但是当多种风险共同出现时，巨大的冲击力可能破坏三种互为依靠的保障机制，上级政府财政能力无法完成救助，而恰逢土地财政的担保链条断裂和区域性的流动性匮乏，此时前文所说的恶性结果将会产生。为避免多种风险同时产生，必须未雨绸缪，防微杜渐，将风险扼杀在萌芽状态，具体应做到以下三点。

1. 增强金融财政信息披露

信息披露有助于财政和金融部门及其利益相关者及早关注和预防财政金融风险之间的相互转嫁。在财政报告中，应包括金融部门问题导致或加剧经济衰退的可能性，以及政府提供明确担保所带来的风险，甚至还可以加入政府对自身信用风险的估计，如果政府债务和赤字适度，而其债券的收益率或主权信用评级不佳，这可能是政府有大量未确认负债的信号，其中就可能包括政府财政对金融部门的隐性担保。金融报告中应包括衡量银行盈利能力、杠杆率和流动性的许多指标，在此基础上，加入对财政风险及其对金融影响的披露。

2. 设置区域风险"防火墙"

深化分级分类施策，对高风险地区坚持"一地一策"管理，确保风险不发生转移外泄。推动当地政府大力增收节支，切实过好紧日子，提高保障能力。要求重点地区整理形成政府隐形债务风险应急处置预案、政府隐性债务化解实施方案、政府隐性债务问责实施细则，着力防范化解融资平台到期存量债务风险，推进政府融资平台市场化转型，坚决遏制隐性债务增量。建立健全财政、审计、发改、人行、银保监、证监等部门协同配合的隐性债务变动统计监测机制，共享债务数据，实现对企业债券、银行贷款、金融租赁、资产管理产品等全方位监管，形成风险防控合力。强化到期债务风险监测预警工作，督促地方政府采取多渠道筹集资金偿还到期债务和开展到期债务置换等多方式化解隐性债务风险。

3. 理顺政府与市场间关系

加强地方政府与金融机构沟通协作，及时掌握地方财政与金融机构的风险状况，建立健全风险防范机制，做到风险早识别、早预警、早发现、早处置、防传导，积极稳妥处置突出风险点。监管部门要督促地方中小金融机构完善公司治理结构，健全内控体系，确保稳健运行。进一步明确政府与市场的分界和责任，在不引发系统性、区域性金融风险的基础上，坚持"市场的问题市场化解决"，坚决防范金融风险与财政风险相互传导，牢牢守住不发生系统性风险底线。

参考文献

［美］詹姆斯·布坎南：《自由、市场和国家》，吴良健译，北京经济学院出版社1988年版。

［英］李嘉图：《政治经济学及赋税原理》，郭大力、王亚南译，北京联合出版公司2013年版。

［英］穆勒：《政治经济学原理及其在社会哲学上的若干应用》，赵荣潜译，商务印书馆1991年版。

［英］亚当·斯密：《国富论》，郭大力、王亚南译，译林出版社2011年版。

巴曙松：《巴塞尔协议Ⅲ流动性监管新规及其影响》，《南方金融》2013年第5期。

财政部办公厅《新时期的财政工作》编写组：《新时期的财政工作——党的十一届三中全会以来财政文选》，中国财政经济出版社1986年版。

陈建青、王擎、许韶辉：《金融行业间的系统性金融风险溢出效应研究》，《数量经济技术经济研究》2015年第9期。

陈守东：《我国金融机构的系统性金融风险评估——基于极端分位数回归技术的风险度量》，《中国管理科学》2014年第7期。

陈玮：《汉译世界学术名著丛书：休谟经济论文选》，商务印书馆1997年版。

高英慧：《基于利益相关者的地方政府债务风险及其治理研究》，学位论文，辽宁工程技术大学，2015 年。

葛志强：《我国系统性金融风险的成因、实证及宏观审慎对策研究》《金融发展研究》2011 年第 4 期。

顾宁、关山晓：《新型城镇化进程中的金融创新与金融风险》，《求是学刊》2015 年第 1 期。

郭杰、王宇澄、曾博涵：《国家产业政策、地方政府行为与实际税率——理论分析和经验证据》《金融研究》2019 年第 4 期。

韩文龙：《资本积累：信用扩张与资本主义经济危机》，西南财经大学出版社 2018 年版。

韩心灵：《供给侧结构性改革下系统性金融风险：生成逻辑、风险测度与防控对策》，《财经科学》2017 年第 6 期。

韩雍、刘生福：《市场竞争与商业银行风险承担——理论推导与来自中国银行业的经验证据》，《投资研究》2018 年第 5 期。

何代欣：《结构性改革下的财税政策选择——大国转型中的供给与需求两端发力》，《经济学家》2016 年第 5 期。

何鸥：《县级地方债问题研究及对策思考——以余江县为例》，《时代金融》2017 年第 14 期。

何青：《中国系统性金融风险的度量——基于实体经济的视角》，《金融研究》2018 年第 4 期。

何泽：《国际金融原理》，西南财经大学出版社 2018 年版。

胡洁琼、雷良海：《过度信贷下的地方政府融资平台债务风险及约束》，《改革与开放》2016 年第 6 期。

胡绪华、陈丽珍、胡汉辉：《危机性产业衰退的内涵、传导效应及其应对思路研究》，《经济学家》2015 年第 6 期。

黄爱华：《金融风险与财政风险的联动机制分析》，《时代金融》2014 年第 3 期。

黄益平、黄卓：《中国的数字金融发展：现在与未来》，《经济学（季刊）》2018 年第 4 期。

冀云阳、付文林、束磊：《地区竞争、支出责任下移与地方政府债扩张》,《金融研究》2019 年第 1 期。

江涌:《当前中国经济安全态势》,《政治经济学评论》2018 年第 4 期。

蒋德权、姜国华、陈冬华:《地方官员晋升与经济效率:基于政绩考核观和官员异质性视角的实证考察》,《中国工业经济》2015 年第 10 期。

蒋中一:《动态最优化基础》,中国人民大学出版社 2015 年版。

景宏军、王李存:《基于模糊综合评判的地方财政风险测算——黑龙江省样板数据的分析》,《哈尔滨商业大学学报》(社会科学版) 2014 年第 6 期。

李开孟、伍迪:《PPP 的层次划分、基本特征及中国实践》,《北京交通大学学报》(社会科学版) 2017 年第 3 期。

李文红、蒋则沈:《金融科技发展与监管:一个监管者的视角》,《金融监管研究》2017 年第 3 期。

李文红、刘丽娜:《危机前后资产证券化监管思路的重大转变及启示》,《金融监管研究》2016 年第 4 期。

梁健:《托马斯·阿奎那与新托马斯主义》,《上海大学学报:社会科学版》1990 年第 4 期。

刘冰:《地方政府性债务风险传导路径与免疫机制——以重庆市为例》,硕士学位论文,重庆理工大学,2015 年。

刘波:《地方政府治理》,清华大学出版社 2018 年版。

刘金全、刘达禹、张都:《我国经济周期波动的软着陆态势与持续期估计》,《经济学家》2015 年第 6 期。

刘军、欧阳远芬、孟祥轶:《财政风险指数与财政效率研究——基于跨国面板数据的实证分析》,《中央财经大学学报》2016 年第 8 期。

刘青云:《商业银行风险承担动机的数理推导和实证检验——基于美、日、印三国 2787 家商业银行数据的经验证据》,《经济问题》2017 年第 2 期。

刘尚希：《财政改革、财政治理与国家治理》，《理论视野》2014年第1期。

刘尚希、石英华、武靖州：《制度主义公共债务管理模式的失灵——基于公共风险视角的反思》，《管理世界》2017年第1期。

刘士余：《未来十年中国金融业发展与风险控制》，《中国经济周刊》2013年第16期。

刘守英：《土地制度变革与经济结构转型》，《中国土地科学》2018年第1期。

刘霞：《金融危机后金融监管体制改革国际比较研究》，《西南金融》2014年第5期。

刘勇政、冯海波：《腐败、公共支出效率与长期经济增长》，《经济研究》2011年第9期。

刘云中：《改革开放以来我国区域发展战略的逻辑演进》，《经济纵横》2018年第10期。

陆铭、陈钊：《分割市场的经济增长——为什么经济开放可能加剧地方保护?》，《经济研究》2009年第3期。

罗长林、王天宇：《地根经济的微观基础：土地抵押贷款的杠杆放大效应研究》，《财贸经济》2017年第4期。

马蔡琛、隋宇彤：《预算制度建设中的财政预备费管理——基于国际比较的视角》，《探索与争鸣》2015年第10期。

马克思：《资本论》，上海三联书店2009年版。

马松、潘珊、姚长辉：《担保机构与中小企业贷款：银行视角下的合谋还是合作?》，《财经研究》2015年第7期。

毛锐：《地方政府债务扩张与系统性金融风险的触发机制》，《中国工业经济》2018年第4期。

缪小林：《经济竞争下的地方财政风险：透过债务规模看财政效率》，《财政研究》2016年第10期。

缪小林、伏润民：《地方政府债务风险的内涵与生成：一个文献综述及权责时空分离下的思考》，《经济学家》2013年第8期。

牛霖琳、洪智武、陈国进:《地方政府债务隐忧及其风险传导——基于国债收益率与城投债利差的分析》,《经济研究》2016 年第 11 期。

潘俊:《城投债与地方政府债券发行定价差异及其机理研究》,《会计研究》2018 年第 9 期。

潘琰、吴修瑶:《可流动性资产对地方政府债务违约风险的影响——来自城投债的实证检验》,《经济学家》2017 年第 4 期。

秦海林:《金融风险财政化、财政风险金融化与经济增长》,《上海金融》2010 年第 3 期。

沈红波、华凌昊、张金清:《城投债发行与地方融资平台主动债务置换——基于银行授信视角》,《金融研究》2019 年第 12 期。

宋坤:《金融机构操作风险的度量及实证研究》, 西南财经大学出版社 2018 年版。

孙天琦:《金融业行为风险、行为监管与金融消费者保护》,《金融监管研究》2015 年第 3 期。

陶玲、朱迎:《系统性金融风险的监测和度量——基于中国金融体系的研究》,《金融研究》2016 年第 6 期。

王桂花、许成安:《新型城镇化背景下地方政府债务风险动态管理研究——理论分析与模型构建》,《审计与经济研究》2014 年第 4 期。

王磊:《我国乡镇财政风险的成因与对策》,《山东财政学院学报》2003 年第 6 期。

王擎、田娇:《银行资本监管与系统性金融风险传递——基于 DSGE 模型的分析》,《中国社会科学》2016 年第 3 期。

王永钦、陈映辉、杜巨澜:《软预算约束与中国地方政府债务的违约风险:来自金融市场的证据》,《经济研究》2016 年第 11 期。

王永钦、陈映辉、熊雅文:《存款保险制度如何影响公众对不同银行的信心?——来自中国的证据》,《金融研究》2018 年第 6 期。

王宇:《金融改革决不能半途而废——1997 年韩国金融危机启示

录》,《中国发展观察》2015年第7期。

王蕴波、景宏军、张磊:《我国预算的国家监督模式与公众参与监督模式比较研究——基于博弈论视角的分析》,《审计与经济研究》2017年第2期。

王战、蔡昉、赵修义:《40年改革的中国之道——方法论的视角》,《探索与争鸣》2018年第9期。

王周伟、吕思聪、茆训诚:《基于风险溢出关联特征的CoVaR计算方法有效性比较及应用》,《经济评论》2014年第4期。

萧琛:《供给侧结构性改革的风险掌控、目标校准与力度权衡》,《北京大学学报》(哲学社会科学版)2017年第2期。

徐忠:《经济高质量发展阶段的中国货币调控方式转型》,《金融研究》2018年第4期。

许涤龙、陈双莲:《基于金融压力指数的系统性金融风险测度研究》,《经济学动态》2015年第4期。

薛有志、马程程:《国企监督制度的困境摆脱与创新》,《改革》2018年第3期。

晏俊、许薇、杜小伟:《美国地方政府债务管理的经验及其对我国的启示》,《学习与实践》2015年第8期。

杨海生、聂海峰、陈少凌:《财政波动风险影响财政收支的动态研究》,《经济研究》2014年第3期。

杨志安、宁宇之、汤旖璆:《我国财政风险预警系统构建与实证预测》,《地方财政研究》2014年第10期。

姚金海:《人口老龄化、养老金收支缺口与财政风险的传导与化解——以A市为例的一项实证研究》,《管理评论》2016年第4期。

岳树民:《土地财政影响中国经济增长的传导机制——数理模型推导及基于省际面板数据的分析》,《财贸经济》2016年第5期。

张斌彬、何德旭:《金融显性集权,隐性分权与区域金融风险——基于kmv和空间面板杜宾模型的实证研究》,《福建论坛:人文社会科学版》2019 年第 5 期。

张承惠、王刚：《日本金融监管架构的变迁与启示》，《金融监管研究》2016 年第 10 期。

张金水、连秀花：《国家经济风险评价模型的一种改进》，《清华大学学报：哲学社会科学版》2005 年第 5 期。

张泉泉：《系统性金融风险的诱因和防范：金融与财政联动视角》，《改革》2014 年第 10 期。

张睿、陈卫华：《发展中国家的债务危机与债务管理》，《科技与管理》2005 年第 2 期。

张小茜、孙璐佳：《抵押品清单扩大、过度杠杆化与企业破产风险——动产抵押法律改革的双刃剑效应》，《中国工业经济》2017 年第 7 期。

张兴、刘新卫：《经济新常态下的土地融资模式与风险管控研究》，《中国国土资源经济》第 2017 年期。

张志华：《美国的市政债券管理》，《经济研究参考》2008 年第 22 期。

章曦：《中国系统性金融风险测度、识别和预测》，《中央财经大学学报》2016 年第 2 期。

赵坚：《中国经济增速下降的原因与应对选择》，《北京交通大学学报》（社会科学版）2016 年第 2 期。

赵剑锋：《"东北再振兴"与地方债风险障碍——基于地方债风险的因子比较研究》，《财会通讯》2016 年第 26 期。

赵良仕、孙才志、郑德凤：《中国省际水资源利用效率与空间溢出效应测度》，《地理学报》2014 年第 1 期。

郑联盛、胡滨、王波：《我国引发系统性金融风险的潜在因素与化解之策——基于时间和空间维度的分析》，《经济纵横》2018 年第 4 期。

郑石桥：《审计客体特征对部门预算执行审计力度影响研究》，《财会通讯》2019 年第 16 期。

郑世林、周黎安、何维达:《电信基础设施与中国经济增长》,《经济研究》2014 年第 5 期。

周小川:《守住不发生系统性金融风险的底线》,《人民日报》2017 年 6 月 22 日。

Acharya, "A Theory of Systemic Risk and Design of Prudential Bank Regulation", *Journal of Financial Stability*, 5 (3), 2009: 224 – 255.

Adrian T., Shin H. S., "Liquidity, Monetary Policy, and Financial Cycles", *Current Issues in Economics & Finance*, 14 (1), 2008.

Afflatet N., "Public Debt and Borrowing: Are Governments Disciplined by Financial Markets?", Working Paper, 4 (1), 2015.

Asatryan Z., Feld L. P., Geys B., "Partial Fiscal Decentralization and Sub-national Government Fiscal Discipline: Empirical Evidence from OECD Countries", *Social Science Electronic Publishing*, 163 (3 – 4), 2015: 307 – 320.

Berger, Allen N., and Gregory F. Udell., "The Economics of Small Business Finance: The Roles of Private Equity and Debt Markets in the Financial Growth Cycle", *Journal of Banking & Finance*, (22.6 – 8), 1998: 613 – 673.

Billio, M., et al., "Econometric Measures of Connectedness and Systemic Risk in the Finance and Insurance Sectors", *Social Science Electronic Publishing*, 104.3 (2012): 535 – 559.

Bodin Jean, *On Sovereignty*, Cambridge University Press, 1992.

Borio, Claudio, and Haibin Zhu., "Capital Regulation, Risk-taking and Monetary Policy: A Missing Link in the Transmission Mechanism?", *Journal of Financial stability*, (8.4), 2012: 236 – 251.

Brennan G., Buchanan J. M., "The Logic of the Ricardian Equivalence Theorem", *Finanzarchiv*, 38 (1), 1980: 4 – 16.

Breusch, Trevor S., Adrian R. Pagan, "The Lagrange Multiplier Test and Its Applications to Model Specification in Econometrics", *The Review of Economic Studies*, 47 (1), 1980: 239 – 253.

Brixi H. P., Schick A., "Government at Risk: Contingent Liabilities and Fiscal Risk", *World Bank Publications*, 9 (7), 2002: 533.

Brunnermeier, Markus K., "Deciphering the Liquidity and Credit Crunch 2007 – 2008", *Journal of Economic Perspectives*, 23 (1), 2009: 77 – 100.

Cottarelli C., Gerson P., Senhadji A., *Post-crisis Fiscal Policy*, 2014.

Dellepiane-Avellaneda, S., N. Hardiman, *The Politics of Fiscal Efforts in Ireland and Spain: Market Credibility vs. Political Legitimacy*, Palgrave Macmillan UK, 2015.

Diamond, Douglas W., Philip H. Dybvig., "Bank Runs, Deposit Insurance, and Liquidity", *Journal of Political Economy*, (91.3), 1983: 401 – 419.

Domenico, "Financial Instability, Income Distribution, and the Stock Market", *Journal of Post Keynesian Economics*, 12 (3), 2015: 356 – 374.

Favilukis, J., S. C. Ludvigson, and S. V. Nieuwerburgh, "The Macroeconomic Effects of Housing Wealth, Housing Finance, and Limited Risk-sharing in General Equilibrium.", *SSRN Electronic Journal* (2010).

Fayol, Henri, *General and Industrial Management*, Ravenio Books, 2016.

Ferman, Marcelo, "Switching Monetary Policy Regimes and the Nominal Term Structure", FMG Discussion Papers, 2011.

Fisher I., "The Debt-deflation Theory of Great Depressions", *Econometrica*, 1 (4), 1933: 337 – 357.

Friedman M., Schwartz A. J., *A Monetary History of the United States*, Princeton University Press, 2008.

Gallagher, Russell B., "Risk Management——New Phase of Cost Control", *Harvard Business Review*, 34 (5), 1956: 75 – 86.

Giglio S., Kelly B., Pruitt S., "Systemic Risk and the Macroeconomy: An Empirical Evaluation", *Seth Pruitt*, 119 (3), 2012: 457 – 471.

Goldsmith, Raymond W., "Financial Structure and Economic Growth in Advanced Countries: An Experiment in Comparative Financial Morphology", *Capital Formation and Economic Growth*, 1955: 112 – 167.

Haimes Y. Y., "Total Risk Management", *Risk Analysis*, 11 (2), 1991: 169 – 171.

Hanson, S. G., D. S. Scharfstein, and A. Sunderam, "Fiscal Risk and the Portfolio of Government Programs", Social Science Electronic Publishing.

Heinemann F., "FIRE for the Euro: A Superior Way to Bond Market Stabilization", *Jahrbücher Für Nationalökonomie Und Statistik*, 232 (6), 2012: 702 – 709.

Hollo, D., M. Kremer, M. L. Duca., "ISS – A Composite Indicator of Systemic Stress in the Financial System", Social Science Electronic Publishing.

Illing, Mark, Ying Liu, "Measuring Financial Stress in a Developed Country: An Application to Canada", *Journal of Financial Stability*, 2 (3), 2006: 243 – 265.

IMF, *World Economic Outlook*, Washington: International Monetary Fund, 2014.

Keynes J. M., "The General Theory of Employment, Interest and Money", *Limnology & Oceanography*, 12 (1 – 2), 1936: 28 – 36.

Kliem M., Meyergohde A., "Fiscal Policy and the Term Structure of Interest Rates in a DSGE Model", *FinMaP-Working Papers*, 38 (1), 2016: 141 – 162.

Kodres L. E., Pritsker M., "A Rational Expectations Model of Financial Contagion", *Journal of Finance*, 57 (2), 2002: 769 – 799.

Kornai J., "The Soft Budget Constraint", *Kyklos*, 39 (1), 2010: 3 – 30.

Levin, Andrew, Chien-Fu Lin, and Chia-Shang James Chu, "Unit Root Tests in Panel Data: Asymptotic and Finite-sample Properties", *Journal of Econometrics*, 108 (1), 2002: 1 – 24.

Mehr R. I., Hedges B. A., "New Perspectives on Risk Management: Further Comment", *Journal of Risk & Insurance*, 35 (4), 1968: 615 – 623.

Minsky H. P., "The Financial-instability Hypothesis: Capitalist Processes and the Behavior of the Economy", 1982.

Minsky, Hyman P., "Financial Resources in a Fragile Financial Environment", *Challenge*, (18.3), 1975: 6 – 13.

Mirrlees, James A., "The Optimal Structure of Incentives and Authority Within an Organization", *The Bell Journal of Economics*, 1976: 105 – 131.

Musgrave, R. A., and C. S. Shoup, *Readings in the Economics of Taxation*, University of Chicago Press, 1959.

Nelson, William R., Roberto Perli, "Selected Indicators of Financial Stability", *Risk Measurement and Systemic Risk*, 4, 2007: 343 – 372.

Polackova, H., "Contingent Government Liabilities: A Hidden Risk for Fiscal Stability", Policy Research Working Paper, 1998.

Poledna S., Bochmann O., Thurner S., "Basel Ⅲ Capital Surcharges for G-SIBs Fail to Control Systemic Risk and Can Cause Pro-cyclical Side Effects", Papers, 2016.

Qian Yingyi, and Barry R. Weingast., "China's Transition to Markets: Market-preserving Federalism, Chinese Style", *The Journal of Policy Reform*, (1.2), 1996: 149 – 185.

Rahman, Mohammed Mizanur, "Capital Requirements, the Cost of Financial Intermediation and Bank Risk-taking: Empirical Evidence from Bangladesh", *Research in International Business and Finance*, 44, 2018: 488 – 503.

Rochet J. C., Tirole J., "Interbank Lending and Systemic Risk", *Journal of Money Credit & Banking*, 28 (4), 1996: 733 – 762.

Rutkauskas A. V., Stasytyt V., Maknickien N., "Government Debt as the Integral Portfolio of Assets and Liabilities Generated by Debt", *Journal of Business Economics & Management*, 15 (1), 2014: 22 – 40.

Shin, Hyun Son, "Risk and Liquidity in a System Context", *Journal of Financial Intermediation*, 17 (3), 2008: 315 – 329.

SIFMA US, Bond Markets Average Daily Trading Volume and Issuance in the US Bond Markets.

Simister T., "Risk Management: The Need to Set Standards", *Balance Sheet*, 8 (4), 2000: 9 – 10.

Soares, João Oliveira, Joaquim P. Pina, "Macro-Regions, Countries and Financial Ratios: A Comparative Study in the Euro Area (2000 – 2009)", *Revista Portuguesa de Estudos Regionais*, 45, 2017: 83 – 92.

Stiglitz J., "Distinguished Lecture on Economics in Government: The Private Uses of Public Interests: Incentives and Institutions", *Journal of Economic Perspectives*, 12 (2), 1998: 3 – 22.

Tiebout C. M., "A Pure Theory of Local Expenditures", *Journal of Political Economy*, 64 (5), 1956: 416 – 424.

Tobin J., "Money and Finance in the Macroeconomic Process", *Journal of Money Credit & Banking*, 14 (14), 1981: 171 – 204.

Vanhoose, D., "Systemic Risks and Macroprudential Bank Regulation: A Critical Appraisal", *Journal of Financial Transformation*, 33, 2011: 45 – 60.

Weingast B. R., "The Economic Role of Political Institutions: Market-preserving Federalism and Economic Development", *Journal of Law Economics & Organization*, 11 (1), 1995: 1–31.

Williams, Chester Arthur, Richard M. Heins, *Risk Management and Insurance*, McGraw-Hill Companies, 1964.

Woodford, Michael, "Public Debt as Private Liquidity", *The American Economic Review*, 80 (2), 1990: 382–388.

Wright D. S., Oates W. E., "Fiscal Federalism", *American Political Science Association*, 68 (4), 1974: 1777.

索　引

C

CRITIC 赋权法　7
DSGE 模型　8，10，32
G20 峰会　4
GARCH 模型　7，12
财政分权风险理论　19，24
财政风险金融化　47，61-66，68-71，74，105，150
财政风险矩阵理论　19，22，23
传染性风险理论　27，31-33
脆弱性风险理论　27，29，33

D

《多德弗兰克金融改革法案》　122，123

G

公共风险理论　19
公债风险理论　19，20

H

货币风险理论　27，28

J

金融产业结构改进法　143，145
金融风险财政化　40-42，46-48，50-54
金融服务法案　126-128

K

空间溢出效应 17，104，112，116-120

跨期经济增长理论模型 99

M

贸易保护主义 2

X

系统性金融与地方财政交互风险 79

Y

预算软约束风险理论 27，33

Z

债务风险理论 27

主权债务危机 5，10，13，121

后　　记

时光荏苒，岁月如梭。从执笔撰写到出版发行历时4年，《防范化解系统性金融与地方财政双风险问题研究》这本书见证着我从学校走向社会，从教室跨进机关，从城市挂职乡村，成稿的那一刻，内心充满激动，希望自己能在本书出版的激励下，忠于事业，奋斗不止，报效国家。

本书是以我的博士毕业论文为基础，结合在国家部委与地方基层工作实践中的认识感悟，补充、修改、完善形成的。在成稿出版的过程中，各界人士给予了巨大的支持，借此机会，向指导、帮助、支持我的领导、同事、老师、朋友及家人致以我最衷心的感谢。

首先，要感谢全国哲学社会科学工作办公室，感谢国家社科基金后期资助暨优秀博士论文出版项目专家组，能够肯定该成果的理论价值，让我有机会出版自己的学术著作，这将激励我在工作中继续学术探索。还需要特别感谢中国社会科学出版社的老师，他们的耐心、用心使出版过程顺利完成。

其次，要感谢关心、支持我的领导同事。他们浩瀚渊博的学术知识、孜孜不倦的求真精神和为发展改革事业而奉献的报国情怀深深影响着我，正是在他们的帮助指导下，我才能快速完成角色转变，了解国家政策制定出台背后的辛勤与汗水，并有机会通过挂职锻炼体会国家政令在基层成功践行的不易与难得，这为本书的修改完善提供了宝贵的参考与借鉴。

再次，要感谢刘瑞教授，我的导师，他始终都非常关心我的生活与学习，给予我很多帮助。在刘教授不厌其烦的教导下，我取得博士提前毕业的资格，顺利地完成论文的创作，并得到答辩委员会优秀博士论文提名。这篇论文从方向选择到提纲修改，从结构调整到遣词造句，恩师都给予大力指导，无法用言语表达我对恩师的感激之情。还要感谢宋彦教授，她是美国北卡罗来纳大学教堂山分校终身教授，也是我在美国访学期间的导师，她使我有机会接触到经济学领域世界前沿的研究方法，为我学术论文的创作打下坚实的基础，也更加坚定了我立志报国的决心。

最后，要感谢一直关心我的朋友们，你们将是我终生的益友！要感谢我的家人，感谢你们在学习和工作中给予我的理解、关爱与支持，希望家人健康平安。

崔华泰

2022 年 3 月于凤凰岭